《走向2049的国家发展战略研究》丛书

国家出版基金项目
NATIONAL PUBLICATION FOUNDATION

中国城乡发展一体化的战略研究
从"十三五"到2049

冯俏彬 黄锟 樊继达 著

ZHONGGUO CHENGXIANG FAZHAN
YITIHUA DE ZHANLUEYANJIU
CONG "SHISANWU" DAO 2049

企业管理出版社
ENTERPRISE MANAGEMENT PUBLISHING HOUSE

图书在版编目（CIP）数据

中国城乡发展一体化的战略研究：从"十三五"到2049 / 冯俏彬，黄锟，樊继达著. —北京：企业管理出版社，2019.7

（走向2049的国家发展战略研究 / 洪崎，贾康，黄剑辉主编）

ISBN 978-7-5164-1989-2

Ⅰ.①中… Ⅱ.①冯…②黄…③樊… Ⅲ.①城乡一体化—发展—研究—中国 Ⅳ.①F299.2

中国版本图书馆CIP数据核字（2019）第144425号

书　　　名：	中国城乡发展一体化的战略研究：从"十三五"到2049
作　　　者：	冯俏彬　黄　锟　樊继达
责任编辑：	郑　亮　徐金凤
书　　　号：	ISBN 978-7-5164-1989-2
出版发行：	企业管理出版社
地　　　址：	北京市海淀区紫竹院南路17号　　邮编：100048
网　　　址：	http://www.emph.cn
电　　　话：	编辑部（010）68701638　发行部（010）68701816
电子信箱：	qyglcbs@emph.cn
印　　　刷：	北京环球画中画印刷有限公司
经　　　销：	新华书店
规　　　格：	170毫米×240毫米　16开本　11.5印张　179千字
版　　　次：	2019年7月第1版　2019年7月第1次印刷
定　　　价：	88.00元

版权所有　翻印必究·印装错误　负责调换

《走向2049的国家发展战略研究》丛书

丛书顾问

刘明康　刘世锦

丛书编委会
主编

洪　崎　贾　康　黄剑辉

编委（按姓氏笔画为序）

王　庆	王　诚	王广宇	白重恩	冯俏彬	刘　薇	许元荣
李　波	李万寿	宋　泓	张　瑾	张茉楠	张影强	金海年
洪　崎	姚余栋	姚枝仲	贾　康	夏　斌	徐以升	黄　锟
盛　磊	黄剑辉	董克用	管益忻	樊　纲	樊继达	魏　杰

《走向2049的国家发展战略研究》丛书

序

新供给经济学推进研究创新，是回应时代诉求和挑战的自觉努力行为。在创始初期，新供给研究团队就特别强调，不是为创新而创新，在世界金融危机冲击之下，主流经济学总体上必须进行反思，而反思应该有理性的高水平创新；在现实生活方面，在和平发展对接伟大民族复兴和现代化中国梦的关键时期，我们必须在转轨期间得到理论之光的烛照引领，要把理论密切联系实际取向下，新供给群体形成的"融汇古今、贯通中西"的现实努力，对接到我们站在前人肩膀上的研究成果之上，集大成式地推进锐意创新，促进理性认识升华。这是研究者立身时代潮流当中的应有作为。

作为新供给经济学研究的重大研究项目，本丛书发布的面对中华人民共和国成立100周年的"中国2049战略"研究成果，反映了我们新供给经济学研究团队创立初期就确立的、在研究中必须明确"五年规划与四十年规划并重"的基本考虑，以引出制定基于全球视野的国家中长期发展战略，以及在前所未有的长期概念之下超越30年眼界并对接到实现"中国梦"时间段的综合发展战略。

新供给研究群体内的，以及帮助、支持新供给研究的专家，在国内研究界具有很大影响力。2014—2017年历经四年，大家共同致力于这项课题的研究：短中期而言，该研究形成的认识和成果正在对接即将具体化的"十三五"规划以及2020年既定的全面小康目标的实现；长期而言，该研究要对接伟大民族复兴和现代化中国梦。中国正处于和平发展、和平崛起的关键时期，从现在到2020年，除了全面小康目标的实现以外，攻坚克难的改革必须力争按中央要求取得决定性成果，同时还必须实现全面的法治化与全面的从严治党。在经济转轨过程中，对攻坚克难的复杂性和任务艰巨性已具共识的前提下，面对这一必经过程，我们更应努力提供理论供给的有力支持。

就目前学界相关研究现状来看，国内尚无30年以上大跨度的系统化专业课题和专项研究，国外30年以上视界的国家战略规划研究也极鲜见。然而，我们已经从一系列值得称道的长期研究框架中得到重要启示，比如中国辛亥革命以后孙中山先生就通盘考虑过的"建国方略""建国大纲"，又比如"二战"后一些欧洲有远见的政治家注重考虑、最后引到现实生活、目前在整个世界格局里非常有影响力的欧洲货币联盟。中国改革开放的过程中，可以越来越清晰地看到，我们实际上就是按照邓小平70年眼界"三步走"的伟大战略构想，在一步步地往前运行。这些都给了我们非常宝贵的启示和激励。鉴于此，我们更应力求做好这一在具体形态上有首次特征的、超越30年眼界的规划性战略研究。

新供给经济学研究团队的长期发展战略研究，以具有优化顶层规划、助益科学发展、形成促进国家现代化治理的有效供给功能为目标，怀揣国人一直以来就推崇的全面长远的心胸和眼界，在所谓"不谋全局者不足以谋一域，不谋万世者不足以谋一时"的共识下，充分认识当下"四个全面"新时期、走向"强起来"新时代迫切需要顶层规划与底层创业创新两个层面的良性互动，深知从规划视角考虑有效供给，绝不能坐等微观、局部试错过程。新供给2049战略研究，正是力图从学理和实证综合上支持顶层规划，同时注意服务于基层民间的创新创业。

从智力视角分析，我们高度认同"智库"的重要性。习近平总书记特别强调，智库关联着各个国家在国际合作和竞争中打造软实力的供给竞争。民间独立智库，也是华夏新供给经济学研究院的定位，具有现代社会竞争发展、合作、供给进程中一定的不可替代性。新供给经济学相关研究的导向，既不是"官场规则"，也不是"反对派规则"，而是具有独立、公正、专业的学术严谨性诉求，把握创新中的规范性，努力形成全面、深刻、务实的导向，以战略高度上的洞察力对接具备建设性、策略性、可操作性的研究成果。

新供给 2049 的战略研究，致力于服务党的十八大、十九大提出的方针和战略部署的实施，以长期、超长期的视角，支持从当下到中长期、大纵深的科学决策，进一步聚焦进入中等收入、中高收入阶段的最关键时期，一直联通至前瞻中华人民共和国成立 100 周年。中国目前面临如何跨越"中等收入陷阱""福利陷阱""转轨陷阱""塔西佗陷阱"等一系列历史性的综合考验。"中等收入陷阱"概念在当下讨论中已引起轩然大波，虽然这个概念本身有其边界量化的一定"模糊性"，但我们还是愿意强调：基于全球范围内的统计现象与中国发展中的矛盾凸显来判断，这是一个无可回避的"真问题"，而且对于"中国梦"来说是顶级性质的"真问题"。"中国 2049 战略"研究成果，愿与各方交流、互动，以期产生启发、促进功能和决策参考作用，催化全盘思维、工作要领和重点方案的合理优化，由此联系和助益天下苍生、民生社稷、国家前途、民族命运及世界未来。

面对时代的客观需要，新供给经济学研究群体作为有担当、有社会责任感的中国知识分子和研究者，志在把握"天下家国"情怀具象化的时代定位，为党的十九大提出的"全面建成小康社会，夺取新时代中国特色社会主义伟大胜利，实现中华民族伟大复兴"宏伟目标，做出应有贡献。

洪崎 贾康

2018 年春

《走向2049的国家发展战略研究》丛书

前言

从当下展望2049年，还有30余年的时间。2049年已经被历史赋予了特殊的意义，这个中华人民共和国成立100周年的时点，也将是中国改革开放战略决策的总设计师邓小平当年所规划的以约70年的时间段（1980—2050年）经过"三步走"实现中华民族伟大复兴——习近平总书记生动表述的"中国梦"梦想成真的"除夕之夜"，是自工业革命落伍、落后的这个文明古国，终于凤凰涅槃般浴火重生、和平崛起的见证之年。

从"十三五"前瞻到2049年，做国家发展战略的系列化研究，是我们研究群体于"十三五"开局之前的自觉选择。经过骨干成员反复研讨，形成了一个主报告和十余个专题报告的通盘设计。在全体研究者的高度重视、共同努力下，终于在2016年年底使文稿初具规模，又经过几轮补充完善、反复修改打磨，最终将全部成果合成丛书，付梓奉献给读者。

面向2049年的国家长期发展战略研究，具有不寻常的背景：

一是伟大民族复兴愿景的召唤。中国这一人类历史上唯一古老文明没有中断的多民族大国，自以1840年鸦片战争为标志拉开近现代史帷幕后，曾一路积贫积弱，内忧外患，经甲午海战惨败、戊戌变法夭折之后，在20世纪陆续展开辛亥革命推翻两千年帝制，1949年成立中华人民共和国以及1978年后实行改革开放三件大事，终于在"千年之交"之后，站在现代化前两步目标提前实现的新的历史起点上，继续大踏步地跟上时代，一直推进到2012年中国共产党的第十八次全国代表大会开启经济、政治、社会、文化、生态"五位一体"全面布局的发展新阶段，经济总量已经跃升为全球第二位，并有望在未来不太长的历史时期之内上行至世界第一。2017年党的十九大，进一步指出了在"强起来"历史新时代，新的"两步走"现代化奋斗目标：如能在人均国民收入提高进程中成功跨越"中等收入陷阱"，并继续提升硬实力、软实力而和平崛起，就将于2035年基本建成社会主义现代化，并把中国现代化的宏观蓝图在2049年的时点上作为竣工大成之品，以现代化强国之姿展现于世界民族之林——"我们从未如此接近伟大民族复兴的愿景"，这个愿景鼓舞和呼唤着我们以集体合作的方式，提供服务于"梦想成真"的战略思维和科研成果。

二是"行百里者半九十"艰巨任务的挑战。在改革开放之后成功地实现了超常规高速发展和经济起飞而进入中等收入经济体之后，中国的经济运行虽然在总体上仍然具有巨大的发展潜力、成长性和"黄金发展期"特征，但"矛盾凸显期"的特征接踵而来，各种制约因素的叠加，形成了自2011年以来告别了高速发展阶段并向必须认识、适应还要引领的"新常态"阶段转换，同时改革进入深水区，"好吃的肉吃光了，剩下的都是硬骨头"，必须攻坚克难冲破利益的藩篱，以实质性的国家治理现代化进程解放生产力，对冲下行压力，才能形成旧动能衰退后新动能的转换升级，使发展方式加快转变，使增长过程维护其可持续性与长远的后劲，避免落入世界上绝大多数经济体已有前车之鉴的"中等收入陷阱"覆辙，完成中国古语譬喻的"行百里者半九十"的现代化长征。未来30余年征程中的一系列艰巨的改革发展任务，形成了历史性的挑战和考验，为应对好这种挑战，经受住这种考验，必须有尽可能高水平的战略层面的系统化研究设计，对决策和相关政策的优化给予有力支撑。

三是以知识创新工程式的智力支持，助推冲破"历史三峡"的迫切要求。在党的十八大以来，最高决策层经三中、四中、五中和六中全会，将治国施政的核心理念和大政方针一步步清晰化的过程中，高度重视哲学社会科学的创新、中国特色社会主义政治经济学的发展和智库建议，继现代化国家治理、"四个全面"战略布局以及以创新发展引领协调、绿色、开放、发展而落实于共享发展的现代化发展理念得到清晰明确的表述之后，又提出了供给侧结构性改革的战略方针，认定供给侧是矛盾主要方面，而以有效制度供给纲举目张地要求将改革进行到底，冲破最终实现中国梦的"历史三峡",这客观地产生了对于"知识创新工程"式的智力支持的迫切需要,亟须以走向2049伟大民族复兴的长期视野、战略研究,助推中国经济社会的巨轮涉险滩、闯激流,克服一切艰难与风险,达于现代化的计日程功。

在此背景下,新供给智库"中国2049战略"研究成果出版发布的时代意义,便呼之欲出了。

第一,这一丛书系列反映的研究创新是回应时代诉求和现实生活挑战的自觉努力行为。智库的创始与工作,并不是为创新而创新,而首先是基于全球视野——在世界金融危机冲击之下,对主流经济学总体上的反思与创新势在必行,而反思中应该有对应于中国道路、中国方案的理性的高水平创新成果。在以和平发展对接伟大民族复兴和现代化中国梦的关键时期,我们必须在转轨中得到理论之光的烛照引领,把理论密切联系实际取向下新供给群体形成的"融汇古今、贯通中西"的共识对接我们经过努力"站在前人的肩膀上"的研究成果,集大成式地推进改革,促成发展升级,这是研究者立身时代潮流当中的应有作为。

第二,面对中华人民共和国成立100周年的"中国2049战略"研究成果,反映了我们早期就确立的新供给研究中必须明确地把"五年规划与四十年规划并重"的基本考量。努力实施研究而来的这项成果,要引出制定基于全球视野的国家中长期发展战略,这是在前所未有的长期概念之下,超越30年眼界,对接到实现中国梦时间段的发展战略,即从具体化的"十三五"规划,以及2020年既定的全面小康目标的实现,进一步延伸至伟大民族复兴和现代化中国梦的实现。中华民族正处在和平发展、和平崛起的关键时期,到2020年,中央要求除了全面小康目标的实现以外,攻坚克难的改革必须取得决定性成果,同时必须实现全面的法治化和全面的从严治党——攻坚克难的复杂性和任务的艰巨性,催促理论与智力供给的有力支持。虽然在国内还没有出现过30年以上时间跨度的类似课题的系统化专项研究,也没有检索到国外30年以上视界的国家战略规划研究,但是我们可以从一系列值得称道的研究框架中得到重要启示:比如中国辛亥革命前后孙中山先生就考虑过"建国方略""建国大纲";"二战"后一些欧洲有远见的政治家早已积极考虑,最后引到现实生活而在整个世界格局里产生重大影响力的欧洲货币同盟。在中国40年改革开放的过程中间,越来越清晰地看到,我们实际上就是按照邓小平的 70 年眼界"三步走"伟大战略构想,在一步步前行,这些都可以给智库的长期战略研究以非常宝贵的启示和激励。2017 年党的十九大进一步做出了 2035 年基本实现社会主义现代化、到 2049 年前后把我国建设成为现代化强国的战略规划。正是基于这种认知,我们以极大的热情投入并完成了这一在具体形态上有首次特征、超越 30 年眼界的规划性战略研究。

第三,这项长期发展战略研究具有优化顶层规划、助益科学发展、促进国家现代化治理的有效供给功能。从规划视角分析,中国人一向推崇有全面、长远的心胸和眼界,研究者都认同这样一种取向,所谓"不谋全局者不足以谋一域,不谋万世者不足以谋一时"。在十八大迈向十九大的新时期和十九大后的新时代,迫切需要顶层设计与市场微观主体两个层面的良性互动。"中国 2049 战略"研究力求从学理和实证方面支持顶层规划,同时注重呼应基层民间的创新创业。从智力支持视角分析,我们高度认同"智库"的重要性。习近平总书记特别强调智库建设,这关联着各个国家在国际合作和竞争中打造软实力供给的竞争。民间独立智库,也是新供给经济学研究群体的定位,具有现代社会竞争发展、合作、供应进程中的不可替代性。我们研究中的导向既不是"官场规则",也不是"反对派规则",而是具有独立、公正、专业的学术严谨性,把握创新中的规范性,力求形成全面、深刻、务实的导向,以战略高度的洞察力对接具备建设性、策略性、可操作性的研究成果。

第四,新供给智库关于"中国 2049 战略"的研究是各方共同应对时代挑战和中国现代化决定性历史考验的一项认知、交流和催化的基础工作。从"十三五"规划时期始,"中国 2049 战略"研究具有"对应、涵盖但不限于"的特点,是把这些时点目标放在自己研究范围之内,再往前衔接,以长期、超前期的视角支持从当下到中长期的科学决策,聚焦进入中等收入阶段、中高收入阶段的最关键时期,是前瞻中华人民共和国成立百年而启动的系统工程式研究。我们内含的命题是如何应对"中等收入陷阱""福利陷阱""转轨陷阱""塔西佗陷阱"等一系列历史性的综合考验。"中等收入陷阱"概念屡屡引起争议,虽然这个概念本身有边界量化的"模糊性",但是我们愿意强调,它是世界范围内的一种统计现象的比喻式表述,是无可回避的"真问题",而且对于"中国梦"来说是顶级性质的"真问题"。研究的成果需要与各个方面交流和互动，以期待实现启发、促进功能和决策参考作用。我们愿以基础认识催化全盘思维、要领和重点方案的合理优化。各方面在启发、促进、交流的互动中，共同的努力也就关联了天下苍生、民生社稷、国家前途、民族命运及世界未来。

总之，我们从事这项研究、推出这套丛书的立场，确实是面对时代的客观需要，以智库研究成果与所有愿为中华民族伟大复兴做出贡献的人们互动，力求再接再厉，共同努力做好与"中国梦"相关联的研究和各项工作，以不负伟大的新时代。

贾　康

2018 年春

目录

总报告　面向 2049 年中国城乡一体化战略研究 / 001

一、我国城乡二元结构的历史沿革 / 001

（一）改革开放前的城乡二元制度：从萌芽到形成 / 002

（二）改革开放后：从松动到城乡统筹 / 005

二、当前我国城乡一体化面临的突出矛盾与主要问题 / 008

（一）城乡居民收入差距仍然较大 / 008

（二）城乡社会事业发展水平差距明显 / 009

（三）农民工市民化"门槛"较高 / 009

（四）城乡要素流动很不畅通 / 010

（五）农业落后，乡村凋敝 / 010

三、国外主要发达国家的城市化道路及其处理城乡关系的经验借鉴 / 010

（一）美国的城市化进程：农业现代化中的土地资本化 / 011

（二）德国的城市化进程：中小城市发展一枝独秀 / 013

（三）日本的城市化进程：以制度建设为主要推手 / 016

（四）发展中国家的城市化进程：以印度为例 / 017

（五）主要发达国家城市化的主要经验及其借鉴 / 018

四、2049 战略框架：我国城乡发展一体化的时间表与路线图 / 021

（一）实施城乡一体化的重大战略意义 / 021

（二）实施城乡一体化战略的必要性 / 023

（三）实施城乡一体化战略的可行性 / 025

（四）城乡一体化的总目标、重大时间节点、路线图 / 026

五、破解行政区划约束，建设中小城镇体系 / 029

（一）中国城市化进程及2015—2049年的预测 / 029

（二）失衡的中国城镇体系 / 033

（三）破解行政区划约束，推进城乡一体化的政策建议 / 034

六、推进城乡基本公共服务一体化 / 045

（一）推进城乡基本公共服务一体化的重大战略意义 / 046

（二）当前推进城乡基本公共服务一体化面临的主要制度障碍 / 048

（三）破解体制机制约束，推动城乡基本公共服务一体化的相关政策主张 / 049

（四）推进城乡基本公共服务的"三步走"战略 / 053

七、大力发展现代农村经济 / 059

（一）当前我国农村经济发展中存在的主要问题 / 059

（二）发展现代农村经济的基本思路 / 061

（三）加快我国现代农村经济发展的分阶段目标与主要措施 / 062

主要参考文献 / 071

专题报告1　我国农村转移人口市民化的财政支出测算与时空分布研究 / 073

一、已有的研究述评 / 074

二、理论框架 / 074

（一）农村转移人口市民化财政支出的定义 / 074

（二）农村转移人口市民化是一束权益—伦理型公共产品的集合 / 075

三、农村转移人口市民化财政支出的测算 / 075

（一）随迁子女的财政教育支出 / 076

（二）养老保险的财政补助支出 / 077

（三）医疗保险财政补助支出 / 078

（四）最低生活保障财政支出 / 079

目录

(五) 保障性住房财政支出 / 079

(六) 就业、城市管理等方面的财政支出 / 080

(七) 影响上述计算结果增加和减少的主要因素 / 080

(八) 以上计算结果的扩展 / 081

四、农村转移人口市民化财政支出的时间与空间分布设计 / 081

(一) 时间分布 / 081

(二) 空间分布 / 083

五、结论与政策建议 / 084

(一) 简要的结论 / 084

(二) 政策建议 / 085

主要参考文献 / 087

专题报告2 中国新型城镇化进程中土地制度改革的难题破解路径——基于深圳调研的报告 / 089

一、中国城镇化和现代化进程中土地制度改革的难题 / 089

(一) 土地制度改革的核心难题在于土地产权制度改革 / 090

(二) 土地产权制度改革大思路的理论逻辑：利弊分析及可能选择 / 094

(三) 土地国有化改革需解决的几个重要问题 / 098

二、难题破解的重要实践启示：深圳的突破路径 / 099

(一) 全市土地国有化框架下处理对原农民土地权益的保障 / 100

(二) 新形势下有关农民土地权益的改革创新举措 / 101

(三) "整村统筹" 土地整备模式 / 103

三、远景展望：在单一国有平台上，通盘规划土地开发利用，使市场充分起作用和更好地发挥政府职能，动态优化，因地制宜，积极探索创新我国的土地制度体系 / 107

(一) 在土地全部国有法律框架下，可以采用渐进式改革路径，分步实质性落实土地单一国有制改革 / 108

（二）亟须明确和整合政府全面的国土规划权，建立规范有序的土地流转机制 / 109

（三）以发展的办法在"做大蛋糕"中实现产权明晰，权益兑现，建立利益共享机制而最终归入一体化 / 109

（四）深化户籍制度、社保制度等改革，推动实现农民市民化，最终实现城乡居民一视同仁的"国民待遇" / 110

（五）以实质性推进的公权体系配套改革来保障"土地单一国有制"状态下的公平正义：公权入笼、民主法治 / 112

主要参考文献 / 113

专题报告3 农民工市民化过程中的制度冲突与协调——以城乡二元制度为例 / 114

一、引言 / 114

二、农民工市民化过程中的制度关联 / 116

（一）嵌入性关联 / 116

（二）互补性关联 / 117

（三）中介性关联 / 117

三、农民工市民化过程中制度冲突的主要原因 / 117

（一）制度创新目标选择的冲突 / 118

（二）制度创新进程快慢的冲突 / 120

（三）制度创新阶段性重点定位的冲突 / 121

（四）制度创新地区差异的冲突 / 121

四、农民工市民化过程中制度冲突的主要表现 / 123

（一）户籍制度与嵌入其中的就业和社会福利性制度的冲突 / 123

（二）社会保障制度与土地制度、就业制度的冲突 / 124

五、协调农民工市民化制度冲突的基本思路和政策选择 / 125

（一）协调农民工市民化制度冲突的基本思路 / 125

（二）协调农民工市民化制度冲突的政策选择 / 126

主要参考文献 / 128

专题报告4　新型城镇化进程中行政体制创新研究——以成都为例 / 129

一、成都市的基本情况 / 129

二、改革开放以来成都城镇化的进展情况 / 130

（一）人口城市化水平快速提高 / 130

（二）产业规模不断壮大，吸纳人口就业能力增强 / 130

（三）市域城市体系架构初步形成，郊区城市化进程加快 / 131

（四）城乡统筹再上新台阶，城乡一体化的格局基本形成 / 131

（五）城市功能不断增强，综合服务能力显著提升 / 132

（六）小城镇建设正在有序推进 / 132

三、未来一个时期成都市推进的新型城镇化的发展趋势 / 133

四、成都市新型城镇化对于现有行政体制的新挑战 / 135

（一）现行等级化的行政管理体制制约了成都市邻近卫星城的健康发展 / 135

（二）人口过于向主城区集中，空间分布不平衡 / 136

（三）城市管理与社会管理亟待加强 / 136

（四）基本公共服务的均等化远未实现 / 137

（五）深化行政体制改革面临现实约束 / 137

五、创新成都行政管理体制的对策建议 / 138

（一）适应新型城镇化发展需要，深化行政区划改革 / 138

（二）加快中小城市综合改革试点，深化简政放权制度改革，建设精干高效的政府职能体系 / 139

（三）深化城乡统筹，推进城乡基本公共服务一体化 / 140

（四）进一步理顺县乡财政关系，建立财力与支出相匹配的乡镇财政体制 / 141

（五）推进经济发达镇建立与小城市相适应的行政管理体制 / 142

专题报告 5　中国新型城镇化进程的 PPP 模式 / 143

一、中国政府大力推进 PPP 的时代背景 / 143

（一）中国仍然处于城市化的中期，对基础设施、公共设施建设的需求极为庞大 / 144

（二）中国面临着庞大的地方政府债务压力 / 145

二、中国政府推进 PPP 的政策体系 / 146

（一）中央政府层面（国家发改委、财政部）对于 PPP 的相关政策 / 146

（二）部分地方政府对于 PPP 的相关政策 / 150

三、中国 PPP 的进展情况 / 151

（一）管理库项目与投资的行业分布情况 / 151

（二）管理库项目的地区分布情况 / 153

（三）社会资本合作方类型与主要参与领域 / 154

（四）PPP 项目的回报机制主要是可行性缺口补助为主 / 155

四、中国 PPP 项目管理的主要流程与三大核心 / 156

（一）强化合同能力与合同管理 / 156

（二）明确公共定价机制与价格管理 / 157

（三）合理分配风险，加强风险管理 / 158

（四）加强财政能力评估与中长期预算管理 / 159

五、中国 PPP 存在的主要问题与改进对策 / 159

（一）加快 PPP 立法进程 / 160

（二）采取切实措施，鼓励民间资本进入 / 160

（三）提高 PPP 项目质量，严防地方债务风险 / 161

（四）加强 PPP 研究，加快专业人才培养 / 161

主要参考文献 / 162

后　记 / 163

总报告

面向2049年中国城乡一体化战略研究

党的十八届三中全会《关于全面深化改革若干重大问题的决定》指出，要"健全城乡发展一体化体制机制"，并进一步深刻指出，"城乡二元结构是制约城乡发展一体化的主要障碍""必须健全体制机制，形成以工促农、以城带乡、工农互惠、城乡一体的新型工农城乡关系，让广大农民平等参与现代化进程、共同分享现代化成果"。从相当大的程度上讲，我国巨量的农村人口、广袤的农村、相对落后的农业能否真正融入工业化、城市化进程，真正分享改革与发展的成果，是我国能否在2049年建成现代国家、实现中华民族复兴的根本性问题。本书在回顾我国城乡二元结构的形成与近年来出现的变化的基础上，借鉴国外发达国家城市化进程中处理城乡关系的一些经验，结合党的十八大精神，对"十三五"到2049年实施我国城乡一体化战略重点、时间表与路线图等进行了研究，以为有关部门决策参考。

一、我国城乡二元结构的历史沿革

城乡二元结构，是指以"城乡分割、城乡有别"为主要特征的政治结构、社会结构、经济结构等的总和，表现为城乡之间迥异的制度体系。有人做过研究，我国城乡二元制度包括户籍制度、住宅制度、粮食供给制度、副食品与燃料供给制度、生产资料供给制度、教育制度、就业制度、医疗制度、养老保险制度、劳动保护制度、人才制度、兵役制度、婚姻制度、生育制度共计 14 种制度[1]，几乎涉及社会、经济、政治和文化等所有领域。总体而言，我国实施城乡二元制度的起因是为了实施国家工业化战略，核心是限制劳动力等生产要素在城乡之间的自由流动，结果是城乡差距越来越大，对中国经济社会造成了严重的影响。

（一）改革开放前的城乡二元制度：从萌芽到形成

1. 城乡二元制度的萌生阶段（1949—1952 年）

这个阶段，由于国民经济正处于恢复阶段，国家的基本经济制度是新民主主义，经济政策是多种经济成分并存发展。当时起着临时宪法作用的新中国第一届政治协商会议共同纲领明确规定"中华人民共和国经济建设的根本方针是以公私兼顾、劳资两立，通过城乡互助的政策，达到发展生产，繁荣经济的目的"，这为城乡关系的走向及正常发展奠定了法律准则。在土地改革完成后的地区，由于政府允许富农经济和城乡私营工商业存在，生产要素可以相对自由地流动，土地可以买卖，允许雇工，借贷自由，农民不仅可以从事工商业，还可以进城寻找工作，生产要素的流动相对自由，因而从乡村迁入城市的人口也较多。同时，随着城市经济迅速恢复和工业化的启动，不仅安排了大量城市失业人口，而且很多农村人口开始迁入城市，农村人口向城市的流动日益加强，迁移是比较自由的，城乡经济的双向联系性加强，出现城乡自由流动的状态。

但是，在正常的城乡关系背后却开始萌生了城乡二元性的制度安排的倾向。1951 年 7 月 16 日经政务院批准公安部颁布实施的《城市户口管理暂行条例》，明文规定在城市中一律实行户口登记，开始对城市居民依属地进行户口登记和管理，尽管该条例在其第一条就明确声明它的颁布是为了"保障人民之安全及居住、迁徙自由"，并无限制迁徙的条款内容，但它毕竟显现了城乡人口分别登记、分别管理的制度倾向。随着农村剩余劳动力的增加，1952 年 7 月政务院召开的全国劳动就业会议专门讨论了农村剩余劳动力的出路问题，制定了《关于解决农村剩余劳动力问题的

---

[1] 郭书田、刘纯彬等：《失衡的中国——城市化的过去、现在与未来（第一部）》，河北人民出版社 1991 年版，第 29—78 页。

方针和办法（草案）》和《关于劳动就业问题的决定》，一方面认为城市与工业的发展，国家各方面建设的发展，将要从农村吸收整批的剩余劳动力，但另一方面也强调城市与工业吸收农村剩余劳动力应该有计划、有步骤地进行，同时还要靠发展多种经营，就地吸收转化，防止农村的剩余劳动力盲目流入城市，增加城市的负担。城乡分割的意图已经显现。

2. 城乡二元制度的初步形成阶段（1953—1957年）

1953年，中国转入大规模经济建设后，许多农村青年为城市的收入和生活条件所吸引，纷纷涌入城市和工矿区，这不仅加剧了城市的失业问题，也增加了农副产品供给的紧张。为解决粮食问题，1953年10月和11月，中央政治局和政务院分别通过了《中共中央关于粮食统购统销的决议》和《关于实行粮食的计划收购和计划供应的命令》，开始对粮食实行计划收购、计划供应、强化市场管理和中央统一管理的体制。统购统销的实质是农村征购，城市配售，取消了农产品的自由流通。统购统销的真正作用是一手压低了农产品的收购价格，用变相的无偿形式将农业剩余收归国家所有；另一手则用低价农产品的配给保证了城市工业劳动力的低工资和农业原料的低成本。可见，统购统销是中国工业化初期"社会主义原始积累的转换器"[①]。同时，为了解决农村人口的过多迁移造成的"盲流"问题，缓解其对城市稳定和工业化建设的冲击，中共中央和国务院一再发出指示，要求各级政府限制农民进入城市就业，城乡之间的劳动力流动应该有计划地进行。1955年3月，内务部与公安部联合下发《关于办理户口迁移注意事项的通知》，对人口流动做了一些限制，目的在于减少人口盲目流动对社会经济发展的影响，户籍制度开始趋向于以界定和区分家庭和个人身份，对公民进行分类控制为目标。而且，随着政府对粮食进行集中控制，粮食及日用品供应和分配与户口开始联系起来。这样，政府通过对农副产品统购统销，实行农业生产资料的社会主义改造，建立农业生产合作社，以及初步形成限制农民进城就业的户籍制度，对生产要素自由流动开始限制，形成了政府直接控制农

[①] 中国科学院国情分析研究小组：《城市与乡村——中国城乡矛盾与协调发展研究》，科学出版社1996年版，第47页。

村生产要素配置的体制，奠定了后来中国城乡分割、城乡分治的重要基础，城乡关系开始从开放到封闭，城乡二元制度初步形成。

3. 城乡二元制度的最终形成和定型强化阶段（1958—1978年）

1958年后，乡村开始出现饥荒，城市粮食供应也特别紧张，为了解决农村劳动力大量涌入城市给城市粮食供应、住房、交通及社会服务造成的极大压力，中国开始逐步强化对乡城人口流动的限制。从1958年到1978年的20年间，中国逐渐形成了极为严格的户籍制度，逐步强化对乡城人口流动的限制，从农村到城市、小城市到大城市的户口迁徙都被严格禁止。但是，户籍制度只是城乡限制人口流动的表象。真正能够限制住城乡人口自由流动，或者说限制农民进城的关键，是单一的公有制和由此派生的就业和消费品计划供应制度[①]。在这些制度的限制下，包括劳动力在内的农村生产要素不仅在城乡之间、产业之间不能自由流动，甚至在农业内部也不能自由流动；至于农民所从事的家庭副业和自留地生产，不仅是集体劳动之余的额外劳动，而且受资金和规模的限制，只是生活的补贴，谈不上是生产要素的流动。

由此可见，在这个阶段，由于建立了"政社合一"的人民公社和严格的城乡户籍制度，城乡之间的生产要素自由流动被完全禁止了，代之以政府的计划调拨和交换。不仅如此，农村内部、农业内部甚至农民家庭经营内部的生产要素配置，也受到国家行政手段和政策的严格控制，失去自行流动的自由。因此，在1958年到1978年的20年间，国家通过严格的户籍管理、人民公社制度、农副产品统购统销和单一公有制下的计划招工杜绝了城乡之间人口的自由流动，最终形成了对农民和农村发展极为不公平的城乡分割的二元制度。

[①] 武力：《1949—2006年城乡关系演变的历史分析》，载《中国经济史研究》2007年第1期，第23—31、76页。

（二）改革开放后：从松动到城乡统筹

1978年以来，中国政府采取了许多政策措施，不断调整和改革城乡二元制度。尽管中间经历了反复和倒退，但是从总体趋势上看，城乡二元制度是朝着有利于改善城乡关系和促进农村劳动力转移的方向改革和演进的[①]。这里主要根据城乡二元制度对农村劳动力转移和城镇化的限制和放开程度，将改革和演进过程划分为四个阶段，即初步放松流动限制阶段（1978—1984年），限制流动和恢复城市偏向阶段（1985—1991年），逐步放松流动限制和强化城市利益阶段（1992—2001年），自由流动和城乡统筹阶段（2002—2013年）。

1. 初步放松流动限制阶段（1978—1984年）

1978年发端的农村改革，因为家庭联产承包责任制的实行大大促进了农村劳动生产率的提高，这一方面使统购统销制度逐渐瓦解，另一方面也使实际上在人民公社时期就存在的农村剩余劳动力问题"显性化"。1984年，全国粮食生产的全面过剩导致推行了30年之久的农产品统购统销政策全面动摇。在农村土地制度改革的同时，还废除了人民公社制度，进一步放开了农村大一统的管理体制，农民获得了较大程度的自主权。家庭联产承包责任制的推行和人民公社制度的废除，使乡镇企业蓬勃发展起来。家庭联产承包责任制的实行还为城市国有企业的改革提供了良好的制度示范效应。乡镇企业的蓬勃发展和城市经济的恢复，以及"铁饭碗"式的就业体制的打破，为农村剩余劳动力向城镇的大规模转移提供了契机。在这种情况下，国家除了继续对城镇人口增长实行严格控制外，户籍制度和人口流动政策开始出现初步的松动，如1980年的对特殊人员的"农转非"、1984年的允许农民自理口粮到集镇落户并取得自理口粮户口。

2. 限制流动和恢复城市偏向阶段（1985—1991年）

在农村改革取得初步成功后，开始将改革重点由农村转移到城市。在城市经济

[①] 蓝海涛：《我国城乡二元结构演变的制度分析》，载《宏观经济管理》2005年第3期，第47—49页。

体制改革过程中，逐步形成了偏重城市的偏向型的改革。例如，国有企业改革中因产权软约束，职工的各种补贴、奖金等非工资收入膨胀，机关、事业单位的工资收入也不断增加。城市居民的各种价格补贴大大弥补了市民的通货膨胀损失，养老、医疗、失业等社会保障制度也都惠及市民。相反，农民除了向国家缴纳至少5%的农业税外，还要向村集体缴纳"三提"（即三项村提留，包括公积金、公益金、管理费）、向乡镇政府缴纳"五统"（即五项乡镇统筹，包括教育附加、计划生育费、民兵训练费、民政优抚费、民办交通费）；农村的教育补贴被取消，农民自己负担子女的义务教育，农民的医疗经费杯水车薪，农村的财政资金被削减，农民的利益再次被侵蚀。此阶段城乡二元制度的变迁，在一定程度上是以牺牲农民的利益来维护市民的利益，城乡二元制度的变化越来越不利于农民，维护城市利益在城乡二元制度变迁中重新占据主导地位。

3. 逐步放松流动限制和强化城市利益阶段（1992—2001年）

首先，1992年以来，城乡二元制度关于人口流动的限制开始逐步松动。1992年8月公安部发出通知，决定在小城镇、经济特区、经济开发区、高新技术产业开发区实行当地有效的城镇户口制度。1994年以后，国家取消了户口按照商品粮为标准划分农业户口和非农业户口的"二元结构"划分法，开始以居住地和职业划分为农业和非农业人口，建立以常住户口、暂住户口、寄住户口三种管理形式为基础的登记制度。1996年7月1日，新常住人口登记表和居民户口簿正式启用，取消了"农业"和"非农业"两个户口类型，使户口登记能够如实地反映公民的居住和身份状况。1997年6月国务院批准了公安部《小城镇户籍管理制度改革试点方案》，并在试点的基础上于2001年3月批准了《关于推进小城镇户籍管理制度改革意见》，在这一政策的推动下，各地对小城镇户籍的开放速度也相应加快。截至2001年年底，绝大多数小城镇的户籍已基本上对农民开放了。这一政策的出台也为接下来打破中等城市的户籍迁移限制寻找到了突破口。同年，正式取消了"市镇居民粮食供应转移证明"，终结了延续近40年的"户粮挂钩"政策，为人口流动排除了一个重大制度性障碍。其次，城市利益得到了进一步的强化。虽然在1993—1996年，政府为实现经济软着陆，一方面大幅度提高粮棉等农产品收购价格，减轻农民负担；另一方面也照顾了城市居民的利益，如提高政府和企事业单位人员工资，减轻市民所得税负担，发放价格补贴，探索建立城市居民适应市场经济要求的新型养老、医疗和失业等社会保障制度等，城乡二元制度一度朝着有利于城乡平等的方向发展，但是，1997—2001年，国民经济进入通货紧缩时期，国有经济实行战略性调整，下岗职工大幅增加，就业形势异常严峻，城乡二元制度再度向有利于城市的方向发展，主要是政府免费培训下岗工人、财政贴息的小额贷款支持下岗工人创业、提高市民最低生活保障标准、连续提高政府和事业单位人员工资等，城乡二元制度进一步强化了城市的利益。

4. 自由流动和城乡统筹阶段（2002—2013年）

经过20多年的持续高速发展，我国"三农"问题严重、城乡差别扩大、社会矛盾突出等问题显现。在此背景下，党的十六大提出"统筹城乡经济社会发展"的方针，明确提出"五个统筹"的战略思路，指出"统筹城乡经济社会发展，建设现代农业，发展农村经济，增加农民收入，是全面建设小康社会的重大任务"。这是第一次在党的全国代表大会上从国民经济社会全局的角度提出的城乡共同发展战略，开启了中国经济社会发展的新纪元。

党的十七大进一步提出，"统筹城乡发展，推进社会主义新农村建设"。同时强调，"要加强农业基础地位，走中国特色农业现代化道路，建立以工促农、以城带乡长效机制，形成城乡经济社会发展一体化新格局"。此后的三中全会、五中全会分别从制度建设、现代农业建设、农村社会事业发展等方面为实现城乡统筹发展和全面建设小康社会战略任务做出了全面具体的部署，提出了"三化同步"，即"在工业化、城镇化深入发展中同步推进农业现代化"的战略思想，同时从现代农业发展、城乡基本公共服务均等化、农村社会事业发展、体制改革和制度建设等方面对加快形成城乡发展一体化格局进行部署规划。10年来，通过大力促进农村社会事业发展、启动城乡基本公共服务均等化、实行农村税费改革到推动城乡教育、医疗卫生、文化、社会保障制度衔接统一，我国城乡融合渐次推进，统筹城乡发展已经成为政策现实。

二、当前我国城乡一体化面临的突出矛盾与主要问题

综上可以看出，自党的十六大执行城乡统筹发展战略以来，我国的城乡二元结构已经有了松动，城乡关系协调程度有所增加。一是城乡、工农要素自由流动的趋势已经形成。一方面，农村劳动力大量进城，基本上实现自由择业；另一方面，工商资本在符合规定的条件下，也在积极进入农业，农业现代化程度有所提高。二是城乡社会交流增多。随着城镇化进程的加快，城乡之间的空间距离逐步缩短，人员、信息、文化等社会交流不断增多，从相当大程度上改变了农村面貌。三是城乡基本公共服务差距。近年来，随着新农合、新农保以及农村最低生活保障制度的实施，农村基本公共服务的水平和覆盖范围都有明显扩大，过去只有城市居民独享的一些公共服务正在逐步进入乡村，城乡基本公共服务水平的差距有所减少。四是城乡居民收入差距拉大的趋势得到扭转。2010—2012年，农民人均纯收入的增长幅度连续3年超过城镇居民，尽管收入差距缩小的幅度还不理想，但长期以来收入差距拉大的趋势开始扭转。

但是，从整体上看，我国城乡分割、城乡二元的特征还没有发生根本的改变，城乡差别仍然十分明显，特别是在近年城市化加速发展的过程中，由于体制机制等深层次原因，又出现了一些新的问题，亟待通过城乡一体化战略来从根本上探求解决之道。主要表现在以下几个方面。

（一）城乡居民收入差距仍然较大

近年来，我国城乡居民收入差距有所加大。2013年，我国城镇居民家庭人均可支配收入为26955元，同期农村居民家庭人均纯收入为8895.9元，城乡居民收入差距也由1978年的2.6倍扩大到2013年的3.03倍。从城乡消费水平看，2013年我国城镇居民人均消费现金支出为18022.6元，而农村居民人均消费水平只有6625.5元，城镇居民人均消费水平是农村居民人均消费水平的2.7倍。占我国人口总数50.05%的农村人口消费品零售额只占全年社会消费品零售总额13.3%，而占我国人口总数49.95%的城镇人口消费品零售额却占据了86.7%的消费品零售额。反映生活质量的

恩格尔系数显示，2013年城镇已降至35%，而农村还高达37.7%。研究表明，近年来我国基尼系数达到0.47，城乡收入差距拉大是其主要贡献者之一。

（二）城乡社会事业发展水平差距明显

从城乡社会保障看，我国城乡社会保障水平差距明显。2013年年末，全国参加城镇职工基本养老保险人数为32218万人，其中，参加城镇职工基本养老保险的农民工人数为4895万人，仅占15.19%；城市失业保险已接近100%，农村则少之又少。截至2013年年底，全国参加失业保险人数为16417万人，参加失业保险的农民工人数为3740万人，仅占22.78%。最低生活保障方面，城市基本实现应保尽保，农村低保仅覆盖极少数人口。2009年年末，我国城乡享有最低生活保障的城乡居民之比为1∶2.03，但保障标准却为2.26∶1，二者相差悬殊。2013年年底，全国参加城镇基本医疗保险人数为57073万人，其中参加医疗保险的农民工人数为5018万人，仅占8.79%，在农村推行的新型农村合作医疗，虽然覆盖了多数农村人口，但保障水平低是不争的事实。城乡基础教育方面，城乡学校在教育投入、办学条件、师资水平等方面存在显著差异，城乡教育资源配置严重失衡。

（三）农民工市民化"门槛"较高

据国家统计局农民工统计监测调查，2013年全国农民工总量已达到26894万人，其中，外出农民工16610万人，举家外出农民工就达到3525万人。更为重要的是，在农民工这一群体中，1980年及以后出生的新生代农民工12528万人，占农民工总量的46.6%。与第一、第二代农民工迥然不同，新生代农民工渴望融入工业化和城镇化进程的意愿尤为强烈。然而，在现行的户籍制度和社会管理方式下，他们仍被视为城镇的"过客"。由于现行城乡二元户籍管理的制度还没有彻底改变，导致农民因户口问题在就业、医疗、迁移、福利、子女上学、社会保障等方面受到诸多限制。即使有些地方已出台了户籍制度改革的规定，但农民工落户的门槛条件仍然很高，不能解决实质问题。这些漂流在城乡之间的巨大人群已成为当代中国最大的痛楚和难点问题之一。

（四）城乡要素流动很不畅通

迄今为止，我国城乡统一的要素市场还没有建立起来，且越来越成为一个突出问题。一是土地市场，由于农村的集体土地所有制性质，农村建设用地不能自主进入土地交易市场，农民的宅基地、承包地由于权属不明，也不能自由交易。一些基础上，城市出于发展需要发展起来的一系列征地制度问题重重，城乡之间在土地问题上的矛盾十分突出。二是资本市场，现行制度下，已形成城市对于农村金融资源的逆向抽取制度，大量金融资源通过各类金融机构进入城市、进入工业，但是金融资源由城市向农村的流动却受制于种种约束，以城带乡成为空谈。三是人力资本市场，现在，农村劳动力可以向城市自由流动，但城市里的人力资本却无法向农村流动，农村渐成"要素孤岛"。

（五）农业落后，乡村凋敝

2014年5月13日，中国科学院中国现代化研究中心发布《中国现代化报告2012：农业现代化研究》。该报告认为，以农业增加值比例、农业劳动力比例和农业劳动生产率三项指标进行计算，截至2008年，中国农业经济水平与英国相差约150年，与美国相差108年，与韩国相差36年。具体而言，中国农业劳动生产率约为世界平均值的47%，约为高收入国家平均值的2%，约为美国和日本的1%，中国综合农业现代化指数为38，排世界第65位，属于农业初等发达国家，中国农业现代化水平远低于中国现代化水平。农业现代化已经成为中国现代化的一块短板。

三、国外主要发达国家的城市化道路及其处理城乡关系的经验借鉴

以工业革命为开端，西方各国在先后开启了城市化历程，历经上百年的发展后，率先实现了城市化，完成了从以农业和乡村为主的传统社会向以工业和城市为主的现代社会的转变。以这些国家城市化道路及其在这一和谐中处理城乡关系为他山之

石，对正处于城市化中期、仍然面临城乡二元结构的中国而言，有很大的学习与借鉴价值。

简要地讲，西方发达国家的城市化历程可主要分为三个阶段。一是城市化兴起和逐步扩散阶段（18世纪中叶至19世纪中叶），其标志是第一次产业革命的兴起，由英国率先启动城市化进程，法国、美国、德国、加拿大等陆续跟进。二是城市化全面推进和基本实现阶段（19世纪中叶至20世纪中叶），其标志是以电气化、石油化、钢铁化为代表的第二次产业革命兴起。这一波的城市化在极大地推动生产力发展的同时，促进了人口大规模地向城镇集中，并形成了成熟的城市布局和城市体系，完全改变了相关国家人口的空间布局。三是高度城市化阶段（20世纪中叶至今），其标志是以信息化为核心的第三次产业革命，随着经济基础的变化，主要发达国家的城市化从以集中为主转向以分散为主，郊区化或逆城市化特征明显。现在，世界上主要发达国家总体上都实现了高度城市化，平均城市率水平达到75%左右。

（一）美国的城市化进程：农业现代化中的土地资本化

1. 城市化开始阶段（18世纪末至19世纪中叶）

在独立之初，美国13个州的总人口不到400万人，农村人口有370万人，城市人口相当少，是一个典型的农业和农村占主导的国家。随着工业革命的兴起、工厂的建立、国外移民的涌入及铁路运输体系的建设，农村人口开始向城镇迁移，城市人口和城市数量开始快速增长，到1870年，已有990万人居住在663个城市中，城市人口占总人口的比重达到25%。

2. 基本实现城市化阶段（19世纪中叶至20世纪中叶）

19世纪末20世纪初，美国经历了第二次工业革命，与之相适应，美国进入了快速城市化阶段，并在约50年的时间内基本实现了城市化。从1870年到1920年，美国城市人口从990万人增加至5430万人，城市化水平达到50.9%，到20世纪40年代末期，美国城市人口增长到9650万人，城市人口比重持续上升到63.6%，基本实现了城市化。在城市化快速发展的过程中，美国逐渐建立了现代化的城市体系。全国城市网络密度大幅提高,城市区域分布日趋改善,过去城市稀少的西部和南部已拥有一定数量的各级城市,逐渐形成了综合性城市与专业性城市相结合,大中小城市相结合的现代化城市体系;城市功能也得以不断发展,许多大中城市既是工业基地又是商业、金融和政治文化中心,城市间相互依存、分工合作、共同发展。

3. 实现高度城市化阶段(20世纪中叶至今)

1950年以来,美国经济社会结构发生了重要转变,第三产业就业人数不断上升并超过了80%,现代服务业和高新技术产业在国民经济中越来越占据主导地位,这些都对城市化产生了重要影响。在此阶段,美国实现了高度城市化,城市化速度放缓。1960年至2005年,城市人口比重从70%提高到80.8%,城市人口增长率也下降到1.5%左右,农村人口数量小幅波动,基本稳定,如图1所示。同期,美国城市化进入大都市区化和城市人口郊区化阶段。从1950年到2000年,美国城市人口增加了1.3亿人,其中约有77%住在郊区。20世纪80年代以来,受到石油价格持续攀升而导致的通勤成本增加,以及中心城区环境得到改善等因素的影响,一些郊区的居民又重新回到城市中心区,形成了一股所谓"再城市化"的潮流。

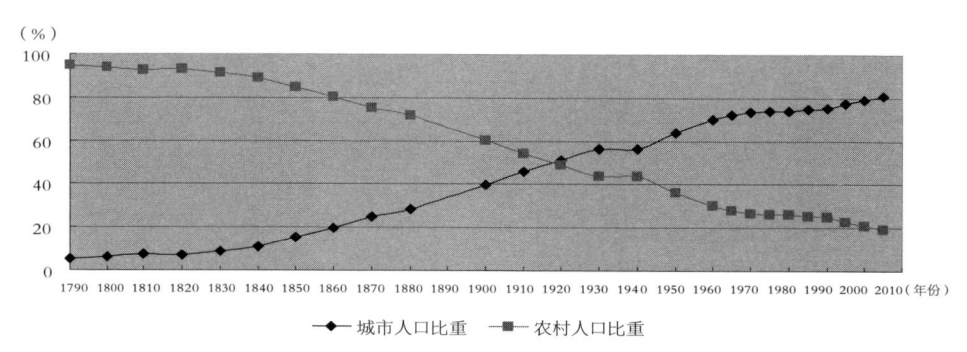

图1 1790—2010年美国城市人口与农村人口的比重

在美国高速城市化的过程中,农业现代化得以实现。综观起来,美国的农业现代化经历了三个阶段,19世纪50年代后期至1920年为第一个阶段,美国实现了农业半机械化;1920年到1950年为第二个阶段,农业实现了机械化,先进的农业科学技术得到进一步应用;1950年以后为第三个阶段,实现了农业现代化。有研究者将美国农业现代化的动因概括为"资本化",一是土地向资本所有者集中,造就了一大批宅地农场主,进而形成"租佃农场",而这正是"美国式道路"的关键所在。19世纪末,美国全国的租佃农场已经超过了30%,而在西部几个新州就达到了50%左右。在租佃农场的基础上,造就了大批的农业工人的产生,有数据表明,在19世纪后期,美国有近300万农业雇佣工人,与失去土地后进城的360万转移人口人数相当。租佃农场还是美国进入农业的金融资金的主要通道,也是引入大规模机械化作业、实现农业装备现代化的主要载体。通过这些措施,美国农业的生产效率极其惊人,以1994年为例,一个典型的美国农场主占有耕地约193公顷(1公顷=10000平方米),他生产的农产品有:125吨玉米、31吨小麦、33.5吨大豆、2吨皮棉,以及5.5吨牛肉、4吨猪肉、6.5吨鸡肉、34吨牛奶和2吨鸡蛋,这意味着一个美国农民可以养活100多个人。

(二)德国的城市化进程:中小城市发展一枝独秀

德国工业革命始于19世纪30~40年代,与英、法等国相比晚了不少,但德国工业化发展速度迅猛,仅用了半个多世纪就完成了工业化。在工业化和经济快速发展的带动下,德国城市化也呈现出起步晚、发展快的特征。

1. 城市化初期发展阶段(19世纪40年代至19世纪70年代初)

19世纪40年代以前,德国依然是以农业和农村为主的国家,农业在国民经济中占据主导地位,农村人口占总人口的绝大部分,城市人口比重很小。19世纪40年代以后,德国出现了一批以工矿业城市为主的新兴城市,这些城市不断沿公路、铁路和河道向外扩展,城市面积不断扩大,人口规模也迅速增加,从而由工业化前的中小城镇或村庄快速发展成为大城市,如柏林在1850年人口已达41.9万人,慕尼黑达11万人,科伦达9.7万人,布勒斯劳达11.4万人。[①]

---

① Herman Aubin, Wolfgang Zorn.*Handbuch der deutschen Wirtschafts- und Sozialgeschichte*. Stuttgart:Union Verlag, 1976, p14.

2. 城市化加速发展与基本实现阶段（19世纪70年代初至1910年）

19世纪70年代，德国的工业和服务性行业的产值已占国民生产总值的68%，进入城市化发展的鼎盛时期。1871—1910年，德国城市人口从1482万人增加到3896万人，29年增加了1.62倍，同时城市化率从36.1%增长到60%。与此同时，城市行政区划不断向外扩展，并入了周边的区域和人口，进而加速了德国的城市化进程。如表1所示。

表1　1850—1918年德国城市行政区并入动态

时期	并入城市数量/个	面积增长/平方千米	并入行政区增加的人口/人
1851—1860年	9	68.6	74000
1861—1870年	14	33.5	63000
1871—1880年	20	95.2	70000
1881—1890年	17	243.1	287000
1891—1900年	34	413.5	705000
1901—1910年	57	966.2	1025000
1911—1918年	28	439.4	——

资料来源：Jrgen Reulecke（Hrsg），*Beitr ge zur modernen deutschen Stadtgeschichte: Die deutsche Stadt im Industriezeitalter*[C]，Wuppertal 1978，p75. 转引自邢来顺：《德国工业化时期的城市化及其特点》，载《首都师范大学学报》（社会科学版）2006年第6期，第17页。

3. 高度城市化与中小城市迅猛发展阶段（第二次世界大战以后）

在1910—1945年之间的两次世界大战当中，德国遭受了战争的严重打击，城市化进程停滞。20世纪50~60年代，联邦德国经过战后经济恢复，迅速实现经济的繁荣，同时实现了高度城市化，城市化水平从1950年的64.7%提高到2005年的75.2%。在此过程中，德国开始由集中型城市化向分散型城市化发展，城市体系的规模结构、职能类型及空间结构都发生了很大变化，主要特征是中小城市获得了较快发展，城市人口在中小城市分布的比重逐渐提高。

20世纪50年代以前，大城市一直是德国城市化进程中发展最快的区域。到了

20世纪中叶,大城市发展势头减弱,小市镇蓬勃发展起来。1965—1985年,50万人口以上的城市仅增加了1座,10万至50万人口的城市增加了6座,5万至10万人口的城市增加了32座,而1万至5万人口的小城镇增加了458座之多,且小城市的增长比例远远高于大城市,如表2所示。据1985年统计,联邦德国有1007万人生活在50万人口以上的大城市中,只占全国人口总数的16.4%,居住在2000至10万人口的小市镇中的人数高达3750万人,占全国人口总数的61.4%,居优势地位。①

表2 联邦德国不同规模等级市镇的发展情况

市镇规模/人	1965年数量/个	1985年数量/个	1985年比1965年的增加 数量/个	比例/%
100万以上	3	3	0	0
50万~100万	8	9	1	12.5
20万~50万	16	19	3	18.0
10万~20万	30	33	3	10.0
5万~10万	52	84	32	61.5
2万~5万	190	347	157	82.8
1万~2万	351	652	301	85.7
总计	650	1146	496	76.3

资料来源:董黎明:《联邦德国城市发展趋势》,《城市规划》1989年第2期,第43—45页。

在大城市增速放缓,中小城市迅速发展的过程中,德国城市化原有的城乡之间、大城市与中小城市之间及经济发达地区与落后地区之间的差距在逐步缩小。由于高速公路、城际铁路等现代交通网的全面建设,私人小汽车的普及和电视、广播、电话等信息传播系统的广泛应用,大城市在区位及物质技术方面的优势已经明显减弱,大多数小城市的居民不仅收入上与大城市居民没有什么差别,而且也同样可以享受现代化的城市生活。相反,大城市由于人口高度集中而面临的环境污染、交通拥挤、

---

① 董黎明:《联邦德国城市发展趋势》,《城市规划》1989年第2期,第43—45页。

地价房价上涨、就业困难等问题日趋严重，因而对企业和劳动力的吸引力下降。在此情形下，小城市往往比大都市更能够吸引大量的企业、公司和青壮劳动力进入和集聚。

（三）日本的城市化进程：以制度建设为主要推手

1. 城市化的开始阶段（明治维新至20世纪20年代）

明治维新前，日本是一个农业国家。明治维新后，日本逐步走上了资本主义发展道路，开始了工业化和城市化进程，但直到1920年，日本的城市人口也仅占全部人口的18.04%，农村人口仍然占总人口的82%。城市数量从1888年的37个上升到1920年的85个，而农村的数量则相应地从58433个减少到10796个。

2. 城市化曲折发展阶段（20世纪20年代至20世纪50年代）

1920年以后，日本劳动力由第一产业迅速向第二、第三产业转移，人口和经济向城市区域集中，城市化开始进入启动阶段，到1940年，其城市化水平已达到37.72%。此后，受战争影响，日本城市化水平有所下降，1947年为33.11%，相当于倒退到10年前的水平。但这一时期日本的城市数量仍在持续增加。

3. 实现高度城市化阶段（20世纪50年代至20世纪70年代）

1950年朝鲜战争爆发，美国军队从日本采购大量战争物资，日本经济迅速恢复，工业产出急剧增长，人口再次涌入城市。1950年，日本城市化水平迅速恢复到37.5%。1956—1973年是日本工业发展的黄金时期，18年间工业生产增长8.6倍，平均每年增长13.6%。在此过程中，城市吸引了大量农村劳动力转移就业，农业劳动力转移平均每年达到42.9万人，年均转移增长率为3.6%。到1970年，日本已有72.1%的人口居住在城市中。此间，城市数量从1950年的254个增加到644个，增加了1.5倍多，而农村的数量相应地从8357个减少到637个，减少了92.4%。

4. 城市化的继续发展与完善阶段（20世纪80年代以来）

这一时期，日本城市人口基本达到饱和状态，城市化速度放缓。1996年城市化水平为78%，2000年城市化水平为78.68%，2005年为86.3%。这一时期，日本城市人口开始转移到三大都市之外的一些区域性城市中，郊区化特征开始出现，逐渐形成了以大城市为核心的都市圈，城市与城市、城市与乡村之间的界限越来越模糊，一体化特征十分显著。

在20世纪前半叶，日本因片面追求发展工业，一度也出现工农收入和城乡差距拉大等现象。但此后，日本通过一系列制度安排，从源头上避免"城乡二元结构"的形成，实现了较为均衡的城乡统筹发展。首先，城乡居民享受同等的政治经济待遇，在房籍、政治权利、社会保障和人员流动等政策上对城乡居民一视同仁，避免人为造成城乡差别。其次，对新进城务工的农民提供与城市居民相同的社会保障和市民身份，要求企业保障劳动者就业，采用"终身雇佣制"等方式确保农民在进城后不会因失业而陷入困境。再次，通过消除阻碍人员、资金等经济要素在城乡间流动的壁垒，促进各种资源向农村和落后地区流动，为此建立了较为完善的农业耕地和农村住宅流转体制，鼓励城市人口到农村居住或投资。最后，建设了很多大城市外围卫星城和小城镇，形成合理的大中小城市体系，有效防止了严重的城市病的产生。

（四）发展中国家的城市化进程：以印度为例

与发达国家相比，发展中国家的城市化水平总体上讲起步较晚、进展不一。由于"后发"，少有发展中国家能在"压缩饼干"式的时间周期内处理好城市化发展中的多重复杂问题，城市化进程与工业化进程脱节、城市体系不健全、城乡差别过大等都是常见现象。以印度为例，1947年，印度脱离英国的殖民统治，实现了民族独立。独立之初，印度城市人口在总人口中的比重仅为17.0%，且其中的14.7%集中在加尔各答、孟买、马德拉斯三大城市。从1950年以来，印度建成了初具规模的独立工业体系，农业有所发展，城市化水平开始提高，城市人口净增长了2.5亿多。在印度，城市人口高度集中在一些大城市和特大城市，中等城市发展缓慢，小城市明显衰退，形成倒三角形的城市梯次结构。在印度，以人口规模为标准，将城市划分为六级，一级是人口10万人以上，二级是人口5万～10万人，三级是人口2万～5万人，四级是人口1万~2万人，五级是人口0.5万~1万人，六级是人口少于0.5万人。在印度城市化进程中，一级城市急剧膨胀是最引人注目的现象。1971年，印度仅有一级城市48座，1981年便增加到218座；1981年全印度仅有12座特大城市，到1990年便猛增到24座，容纳了31.7%的城市人口。这种不合理的城市体系结构，是印度城市问题最为突出的方面。不仅大中小城市之间差异大，印度城市的区域差异、城乡差异也十分显著。少数大城市、特大城市较孤立地分布于某些区域，周边缺乏足够的中小城市与其相互联系。随着人口越来越向城市集中，城乡人口的分布状况也发生了显著的变化，原来散布在广阔的乡村地区的人口，不断地集中于空间规模相对狭小的城市，从而使人口分布上出现了一些高度密集的点。总体上，印度城市化在地域上的差异性，表现为西部高于东部、南部高于北部。由于人口基数大，印度农村人口向大城市、特大城市流动的绝对规模很大，远远超过城市经济增长吸收劳动力的能力，一方面造成了大量的失业人口；另一方面，像城市的就业、交通、住宅、供水等严重缺乏，造成了城市内大量失业人员和大片贫民窟的现象。

印度的情况绝非个别，甚至在某种意义上，是发展中国家城市化的某种宿命。由于发展中国家启动城市化的时代背景、内外部的环境条件、面对的发展任务、可选择的发展战略等与发达国家的情形非常不同，多数发展中国家的城市化道路呈现出明显的"非均衡"特征。

（五）主要发达国家城市化的主要经验及其借鉴

1. 工业化与城市化基本同步

工业化是城市化之母。由于工业化进程带动了人口和经济活动的集中，从而推动了城市化进程。城市化的发展促使人口聚集，增加了城市的数量，扩大了城市的规模，提高了工业生产和城市的规模经济效应，而这些反过来又有力地促进了工业化的发展。这便是西方发达国家工业化与城市化进程相互促进、良性循环的内在机理。

英国是世界上第一个发生工业革命的国家，也因此是世界上第一个完成城市化的国家，1850年其城市化率就达到了50%。法国由于工业化进程缓慢，而且小农经济特征突出，因而法国的城市化发展较为迟缓，直到1931年，其城市化率才达到50%。德国是工业化和城市化突飞猛进、后来居上的国家，1871年才开始步入工业化和城市化发展轨道，由于工业实力强，城市化进程也进展迅猛，到1910年，其城市化水平已达到了60%。日本在明治维新后，开始工业化和城市化进程，但直到二十世纪五六十年代，日本才进入经济飞速发展的黄金时代，城市化水平从1947年的33.7%迅速提高到1970年的72.2%。工业化与城市化同步推进是主要发达国家城市化道路的最重要的特征。

2. 城市规模结构与空间布局多样化

发达国家之间的城市规模和空间布局呈现出多样化的特征。有些国家以中小城市的发展为主，有些国家则以大城市、大都市的发展为主；有些国家城市分布十分均衡，有些国家的城市则高度集中于一些具有区位优势的地方。

以法国为例，在其城市化发展过程中，大、中、小城市形成了完善的城市结构。除巴黎以外，仅有马赛、里昂和里尔的人口超过百万，更多城市是规模较小的中小城市。德国城市体系的特点是中小城市多且分布比较均匀，大城市人口比重较小，形成一种城乡一体、分布合理、均衡发展的格局。除了首都柏林拥有340万人以外，第二位的汉堡只有170万人，第三位的慕尼黑只有119.46万人。德国全国8200万人中，几乎有1/3的居民生活在84个10万人以上的城市里，而近4930万人分布在2000人至10万人规模的小城镇里[①]。在美国，由于幅员辽阔，人口众多，逐渐形成了规模庞大、经济实力雄厚的三大都市带。一是为东北部从波士顿沿大西洋至首都华盛顿的大都市连绵带，被称为"波士华士"（BosWash），它几乎囊括了东北部所有的大城市及部分南部城市，如波士顿、纽约、费城、巴尔的摩、华盛顿等，这一区域面积只占美国陆地面积的1%，人口规模达到4000多万人，占全美国人口的15%，平均人口密度每平方千米406人，是美国人口密度最高的地区。二是中部五大湖周围从芝加哥到匹兹堡的大都市连绵带，被称作"芝匹兹"（ChiPitts）。三是为西部太

---

① 傅阳：《从德国城乡建设的经验看江苏省城市化战略的实施》，载《东南大学学报》（自然科学版）2005第7期，第266页。

平洋沿岸从圣迭哥至旧金山的大都市连绵区。日本由于国土狭窄，城市人口也高度集中，形成东京大城市圈、大阪大城市圈和名古屋大城市圈为主体的城市格局。

可见，主要发达国家在城市化进程中的城市规模结构和空间布局上并没有统一的模式，反而是在各自的历史条件、自然地理条件、经济发展进程、人口迁移特征等因素的综合影响下形成适合于自身特点的城市体系和格局，并在经济社会发展的过程中不断地进行动态调整。

3. 城乡差别从扩大到逐渐缩小

在发达国家城市化的早期，城乡差别都曾有所扩大。但进入工业化和城市化中期阶段以后，发达国家就主动开始采取各种措施、有意识实施社会政策来弥合城乡差距，努力促进城乡一体化发展。从19世纪中叶以来，城乡经济一体化便逐渐成为主要发达国家中社会经济发展的主流。[①]进入20世纪以后，发达国家中中产阶级迅速兴起，并逐渐成为人口的主体部分，贫富差距开始缩小，城乡差距不断得到弥合，各种现代化的设施、设备在城乡家庭中越来越普遍，城市化的生活方式和行为习惯得到普及，城市文明基本覆盖了发达国家的城乡。今天，在发达国家中，"农业已不再同于乡村价值观和乡村生活，农业劳动开始成为一种职业，农场正在成为一种企业，农场与其他企业部门之间的区别正在消失。"[②]城乡一体化既有经济自动成长的原因，也有政府社会政策的主动而为，更有农业生产水平的提高。在发达国家，广泛实施了农业保护政策，对农户收入提高、农村经济发展起到了重要的推动作用。由于农业规模扩大，农业机械、化肥、计算机控制生物技术等在农业中得到广泛运用，农业公司化特征十分明显。正是在这种基础之上，发达国家的工农差别、城乡差别明显缩小了，城乡一体化成为常态。

反观发展中国家的情形，除少数新兴工业经济体（NIES）外，多数的发展中国家的工业化与城市化基本上是失衡的，最为突出的问题是城市化超前于工业化进程，城市人口比重的快速增长超前于经济发展的水平，即所谓"过度城市化"（Over-

---

[①] 王延中：《发达国家的城乡经济一体化》，载《中国工业经济研究》1993年第10期，第72页。
[②] [美]埃弗里特·M.罗吉斯等：《乡村社会变迁》，浙江人民出版社1988年版，第29页。

urbanization）。一是城市人口过多地集中在几个最大的城市,造成了发展各类严重的城市问题。二是城乡关系严重失衡,农村经济十分落后,乡村贫困问题四处蔓延。以巴西为例,其农村贫困人口比重甚至高达70%,农村教育落后、医疗卫生机构缺乏、缺水缺电和环境污染问题颇为严重,农村生存条件与城市的差距越来越大。三是城乡收入差距过大。发展中国家为了实现赶超战略,常常以牺牲农业和农村为代价来支持现代城市工业的发展,城乡收入差距十分显著,南非、巴西和阿根廷等国的基尼系数超过了0.5,而墨西哥、菲律宾、委内瑞拉等国的基尼系数也超过了0.45,成为社会动荡的重要诱因。

结合发达国家与发展中国家正反两方面的经验教训,在我国工业化、城市化快速发展的过程中,必须尽最大努力处理好城城乡关系、工农关系问题,推动城乡经济社会一体化发展。其中的最关键之处就在于,必须通过一系列主动而为的制度建设与制度供给,消除城乡在基本公共服务、要素流通、信息交换、医疗教育、人员往来等方面的屏障,同时通过合理建设中小城镇、大力发展现代农业等,推动城市与农村共同在城市化这一不可阻挡的历史潮流中,共同发展、共同进步、共享增长与繁荣。

四、2049战略框架：我国城乡发展一体化的时间表与路线图

（一）实施城乡一体化的重大战略意义

1. 城乡一体化是实现共同富裕的必由之路

在中国传统文化理念中,共同富裕一直是中国人民千百年来追求的理想。改革开放以来,我国一直致力探索实现共同富裕的美好理想和目标,邓小平多次强调共同富裕就是社会主义的目的,也是社会主义区别于资本主义的重要方面。1983年,他指出,"社会主义的目的就是要全国人民共同富裕,不是两极分化。"1985年9月,在中国共产党全国代表大会上,他又强调共同富裕是社会主义必须坚持的根本原则之一,"在改革中,我们始终坚持两条根本原则,一是以社会主义公有制经济为主

体,一是共同富裕。"1990年12月,邓小平又从社会主义的优越性和社会主义本质的高度论述了共同富裕,"社会主义最大的优越性就是共同富裕,这是体现社会主义本质的一个东西。"1992年年初,邓小平在南方重要谈话中,提出了社会主义本质是共同富裕的论断,"社会主义的本质,是解放生产力,发展生产力,消灭剥削,消除两极分化,最终达到共同富裕。"从现阶段的情况看,城乡差距是制约实现共同富裕目标的主要阻碍之一。积极推动城乡一体化,正是实现共同富裕的必由之路。

2. 城乡一体化是实现中国梦的重要途径之一

习近平总书记在2012年11月29日参观"复兴之路"展览时,提出了实现中华民族伟大复兴的"中国梦",现在已成为新时期我党的重要指导思想和重要执政理念。"中国梦"的核心目标是:到2021年中国共产党成立100周年和2049年中华人民共和国成立100周年时,逐步并最终顺利实现中华民族的伟大复兴,其具体表现是"国家富强、民族振兴、人民幸福"。从人民生活水平的角度讲,中国梦意味着"更好的教育、更稳定的工作、更满意的收入、更可靠的社会保障、更高水平的医疗卫生服务、更舒适的居住条件、更优美的环境,孩子们能成长得更好、工作得更好、生活得更好"。"中国梦"是全体中国人自己的梦,这其中当然包括数以亿计的农村人口和农民工。从某种程度上讲,只有他们的梦想实现了,"中国梦"才真正实现了。城乡一体化战略正是推动"中国梦"实现的重要途径之一。

3. 城乡一体化是全面建成小康社会的重要内容之一

早在20世纪80年代初,邓小平在提出了中国经济社会发展的"三步走"战略时,就明确指出我们的目标是实现小康社会。继邓小平当时所定义的小康社会实现之后(人均GDP达到800美元),党的十六大、十七大报告明确提出了"全面建设小康社会",即到2020年,国民生产总值和人均收入比2010年翻一番的目标。到党的十八大召开之时,又提出了"全面建成小康社会"的宏伟目标。全面小康的主要标志是经济持续健康发展、人民民主不断扩大、文化软实力显著增强、人民生活水平全面提高、资源节约型、环境友好型社会建设取得重大进展。从目前的情况看,以GDP衡量的小康,到2020年实现基本上没有悬念。但是如果从城乡关系、区域平衡、生态环境质量等角度看，距离全面小康还有一定的距离。因此，要全面建成小康社会，就必须以更大的政治勇气和智慧，深化包括制约城乡一体化在内的所有重要领域改革，坚决破除一切妨碍科学发展的思想观念和体制机制弊端，构建系统完备、科学规范、运行有效的制度体系，使各方面制度更加成熟、更加定型。

（二）实施城乡一体化战略的必要性

1. 落实党的十八届三中全会精神、全面深化改革的必由之举

党的十八届三中全会吹响了全面深化改革的号角。《中共中央关于全面深化改革若干重大问题的决定》（以下简称《决定》）明确要求，要"健全城乡发展一体化体制机制"，着力在城乡规划、基础设施、公共服务等方面推进一体化，促进城乡要素平等交换和公共资源均衡配置，形成以工促农、以城带乡、工农互惠、城乡一体的新型工农城乡关系，让广大农民平等参与现代化进程、共同分享现代化成果。具体而言，要加快构建新型农业经营体系、赋予农民更多财产权利、推进城乡要素平等交换和公共资源均衡配置、完善城镇化健康发展体制机制，推进城市建设管理创新。针对行政体制，《决定》提出要"完善设市标准，严格审批程序，对具备行政区划调整条件的县可有序改市。对吸纳人口多、经济实力强的镇，可赋予同人口和经济规模相适应的管理权"。针对城乡基本公共服务，《决定》提出要"推进农业转移人口市民化，逐步把符合条件的农业转移人口转为城镇居民""稳步推进城镇基本公共服务常住人口全覆盖，把进城落户农民完全纳入城镇住房和社会保障体系，在农村参加的养老保险和医疗保险规范接入城镇社保体系"。针对农业，《决定》提出要"推进城乡要素平等交换和公共资源均衡配置""扶持发展规模化、专业化、现代化经营""鼓励和引导工商资本到农村发展适合企业化经营的现代种养业，向农业输入现代生产要素和经营模式"。因此，实施城乡一体化战略，是贯彻落实党的十八大和三中全会《决定》的具体表现和必由之举。

2. 解决"三农"问题的根本途径

农业、农村、农民问题关系党和国家事业发展全局，解决好"三农"问题历来是全党工作的重中之重。近十年以来，党和政府每年都以"一号文件"的方式出台有关"三农"问题的重要文件，表达了对"三农"问题的高度重视。无论是从国际经验上看，还是从我国的现实国情出发，从根本上讲，只有城乡发展一体化才是解决"三农"问题的根本途径。从理论上讲，这是由工农关系、城乡关系的内在联系决定的，早期工业发展需要农业积累的支持，但当工业化发展到一定时期，工业就应当反哺农业，否则工业自身也将难以为继。同样地，缺少了农村的支持，城市化就面临土地、劳动力等多方面的制约。城乡发展一体化就是把工业和农业、城市和农村作为一个有机整体，打通彼此之间的障碍，实现互联互通、互相支持。从实践上讲，当前我国面临的农业落后、农村凋敝、农民收入较低等问题，仅靠农业自身是不可能获得根本性解决的，是由制约我国农业和农村发展的深层次矛盾决定的。只有加大统筹城乡发展力度，着力破除城乡二元结构，才能逐步缩小城乡差距，从根本上解决长期困扰我国的"三农"问题。

3. 推进新型城镇化的必然要求

城镇化是伴随工业化发展，非农产业在城镇集聚、农村人口向城镇集中的自然历史过程，是人类社会发展的客观趋势，也是国家现代化的重要标志。历史地看，世界各国都是在工业化、城镇化的过程中逐渐解决城乡差距问题，解决农业农村农民问题，我国也不例外。当前，我国正处于城市化中期，城市化仍然处于快速发展之际。2014年，国家出台了《新型城镇化规划》，就完善城乡发展一体化体制机制指出了具体的努力方向，即推进城乡统一要素市场建设、推进城乡规划、基础设施和公共服务一体化、加快农业现代化进程、建设社会主义新农村等。2014年，李克强总理在政府工作报告中指出，今后一个时期，着重解决好现有"三个1亿人"问题，促进约1亿农业转移人口落户城镇，改造约1亿人居住的城镇棚户区和城中村，引导约1亿人在中西部地区就近城镇化。要完成这些艰巨任务，只有积极推进城乡一体化才有可能达成。

（三）实施城乡一体化战略的可行性

1. 重大理论创新是城乡一体化坚实的思想基础

党的十八大全面地阐述了道路、理论和制度"三位一体"的中国特色社会主义，提出了坚持和发展中国特色社会主义需要牢牢把握的八个"必须"，要求全党必须更加自觉地把推动经济社会发展作为第一要义，并以人为本作为核心立场，把全面协调可持续作为基本要求，把统筹兼顾作为根本方法。所有这些，都为推进城乡发展一体化指明了方向，明确了要求。同时，城乡一体化的理论也不断得以深入，从十六大的"统筹城乡经济社会发展"到十八大的"城乡发展一体化"，从稳定"三农"到"城乡融合"，从工业化、城镇化、农业现代化的"三化同步"到工业化、信息化、新型城镇化、农业现代化的"四化同步"等，都指出了未来一个时期解决"三农"问题的根本方向，为推进城乡发展一体化做好了充分的理论准备。

2. 经济社会的平稳快速发展是城乡一体化的物质基础

2014年，我国国内生产总值已达到60万亿元，经济总量从世界第六跃升到第二位，人均国内生产总值超过7000美元，已进入到中等收入国家行列，经济实力有目共睹。第一、第二、第三产业的比例关系逐步改善，经济结构健康度正在提高。城镇化方面，2014年，我国以常住人口计算的城市化率已达到54.7%，居住在城市的中国人口已达到7亿多，"城市中国"雏形已成。通过此前的努力，我国城乡发展的统一规划和空间布局已经衔接上。基本公共服务方面，农村社会保障已实现从无到有，覆盖数亿农民的农村社会保障三项制度已基本建立，城乡社会保障衔接已开始启动。农业方面，现代农业建设速度加快，农业内部结构和农村产业结构不断优化，工业和农业产业之间融合不断加深。要素流通方面，随着户籍制度改革、农村经营用地有条件入市改革的到位，打开了城乡要素融通大门。这些制度建设，有力地促进了农村经济社会发展，有力地促进了农民平等参与现代化进程共享改革发展成果。不仅基本构建了统筹城乡发展的政策体系，而且初步搭建起统筹城乡发展的制度框架，为城乡发展一体化奠定了制度基础。

3. 相关重大改革是城乡一体化的制度基础

十八届三中全会《中共中央关于全面深化改革若干重大问题的决定》掀开了新时期深化改革、大力释放制度红利的总号角。从当时到现在，一系列与城乡发展一体化相关的重要改革已开启帷幕。一是《深化我国户籍制度改革的意见》，主要内容有进一步调整户口迁移政策，全面放开建制镇和小城市落户限制，有序放开中等城市落户限制；建立城乡统一的户口登记制度，全面实施居住证制度；完善农村产权制度，扩大义务教育、就业服务、基本养老、基本医疗卫生、住房保障等城镇基本公共服务覆盖面。到2020年，要基本建立与全面建成小康社会相适应，有效支撑社会管理和公共服务，依法保障公民权利，以人为本、科学高效、规范有序的新型户籍制度，努力实现1亿左右农业转移人口和其他常住人口在城镇落户。二是农村土地制度改革。根据中央《关于农村土地征收、集体经营性建设用地入市、宅基地制度改革试点工作的意见》，改革内容共有三项，探索健全程序规范、补偿合理、保障多元的土地征收制度；建立同权同价、流转顺畅、收益共享的农村集体经营性建设用地入市制度；建立依法公平取得、节约集约使用、自愿有偿退出的宅基地制度。这对于松动城乡要素融通中最重要的土地要素有着破冰的重要意义。三是城乡养老保险制度并轨改革。国务院已决定，将新农保和城居保两项制度合并实施，在全国范围内建立统一的城乡居民基本养老保险，并与职工基本养老保险制度相衔接。四是新型城镇化规划、中小城市综合改革等都进行了试点期，能从局部积累经验。此外，财税改革、金融改革、国企改革等都为实施城乡一体化创建了良好的制度支持。

总之，加快推进城乡发展一体化战略是全面建成小康社会、实现社会主义现代化和中华民族伟大复兴的客观要求，是五位一体总体布局的重要组成部分。综观全局，现在理论认识、经济条件、制度环境已经具备，加快实施城乡一体化战略的条件已基本具备。

（四）城乡一体化的总目标、重大时间节点、路线图

1. 城乡一体化的总体发展目标

科学合理的城乡空间结构、体制结构基本形成——"两横三纵"为主体的城镇化

战略格局全面形成，城市集聚经济、人口能力明显增强，东部地区城市群一体化水平和国际竞争力明显提高，中西部地区城市群成为推动区域协调发展的新的重要增长极。城市规模结构更加完善，中心城市辐射带动作用更加突出，中小城市数量增加，小城镇服务功能增强。产业和城镇融合发展，城镇化和新农村建设协调推进。

城乡要素实现平等交换——建立起城乡统一的建设用地市场，在符合规划和用途管制前提下，农村集体经营性建设用地可自由出让、租赁、入股，与国有土地同等入市、同权同价。打通金融资源流动的城乡壁垒，社会资本投向农村建设，企业和社会组织可在农村兴办各类事业。针对新型农业经营主体的金融服务全面快捷。普惠金融方便可及。村镇银行覆盖农村地区。农业保险制度全面建立。城乡人员流动不受限制，相关制度统一平等。

城乡基本公共服务实现一体化——城乡公民都能公平可及地获得大致均等的基本公共服务，"学有所教、劳有所得、病有所医、老有所养、住有所居"。基本公共教育制度覆盖所有适龄儿童、少年，国民基本文化素质显著提高。就业公共服务制度更加完善，充分就业基本实现。社会保险覆盖全体国民，标准一致、方便快捷。老年人、残疾人、孤儿等特殊群体全面纳入社会服务制度，有尊严地生活和平等参与社会发展。明显提高基本医疗卫生水平，为城乡居民提供安全、有效、方便、价廉的基本公共卫生服务。公共文化体育服务健康、方便。

农业现代化基本实现——新型农业经营体系全面形成，家庭经营、集体经营、合作经营、企业经营等共同发展。农村土地承包关系长久不变，在符合土地空间管制的前提下，农民拥有对承包地占有、使用、收益、流转及承包经营权抵押、担保的多项权能。土地承包经营权可在公开市场上向专业大户、家庭农场、农民合作社、农业企业流转。农业实现规模化、专业化、现代化经营，农业科技含量大幅度上升。农民收入达到社会平均水平。农村生态美丽、环境友好。

2. 城乡发展一体化的重大时间节点与阶段性目标

（1）2016—2020年（"十三五"期间）。

城乡政区转换制度规范科学，新增容纳50万人以下的县级市、镇级市100个，同时合理推动县改区，重新定位省直管县。

城乡基本公共服务均等化的制度基础基本奠定，基本公共服务范围明确，城乡基本公共服务统一规划、制度相互衔接，农村转移人口有序纳入城镇公共服务体系，在部分地区开展城乡基本公共服务均等化试点。

继续推进城乡统筹为核心的城乡二元体制改革，创新农业转移人口市民化机制、构建城乡统一的要素市场、完善城乡行政管理体制、完善"以工促农、以城带乡"长效机制，逐步形成"工农互惠、城乡一体"的城乡协调发展机制。

（2）2021—2030年。

城乡政区转换制度顺畅，新增容纳50万人以下的县级市、镇级市200个，县市地位平等的格局基本形成，管理权责相配，区域一体化格局基本形成。

初步实现城乡基本公共服务一体化，一个符合国情、比较完整、覆盖城乡、管理有效的基本公共服务体系，基本建成，城乡基本公共服务制度统一、标准一致、水平均衡，基础教育、医疗卫生、社会保障等制度实现无差别、全覆盖。

以新农村建设为核心的农村内部改革，即主要通过以新农村建设为核心的农村综合改革，加快农村土地制度、金融制度创新和农业经济组织和经营方式创新，有利于在农村内部形成现代农村经济发展的体制机制。

（3）2031—2049年。

新增容纳50万人以下的县级市、镇级市300个。"两横三纵"为主体的城镇化战略格局全面形成。一个大、中、小结合、功能互补、相互联通的城市体系全面形成。城市政区结构合理，管理完善。三级政府体系全面成形。农村生态美丽，环境友好。

城乡基本公共服务一体化制度完全定型、稳定发展，跨入真正的公平、普惠发展阶段。有中国特色的城乡基本公共服务一体化法律体系全面形成。政府主导、多方参与的基本公共服务供给的格局已经形成。基本公共服务一体化制度运行效率显著提升。中国特色的城乡基本公共服务一体化体系全面建成。

农业现代化全面完成。新型农业经营体系全面形成，家庭经营、集体经营、合作经营、企业经营等共同发展。农村土地承包关系长久不变，农民对承包地的权能全面。城乡统一的劳动力市场、建设用地市场、金融市场全面建立。农业实现规模化、专业化、现代化经营。农业科技含量大幅度上升。农民收入达到社会平均水平。农村生态美丽、环境友好。

3. 城乡发展一体化的路线图

我们认为，从现在到 2049 年，实现我国城乡一体化的目标可以分为三个阶段：统筹城乡发展、建设城镇体系、城乡一体化。三个阶段之间的关系是前一个阶段是后一阶段的基础，后一个阶段兼容前一个阶段。

统筹城乡发展。即逐渐统一城乡发展的规划、空间布局、基本公共服务、土地、户口、财政、金融、社会管理等相关制度，以城市带农村、以农村促城市，破除城乡之间二元结构。

建设合理的城镇体系。即建设一大批容纳大量农村转移人口、有利于实现就地城镇化的中小城市、城镇，产业布局合理，产城融合，基本公共服务均衡，城市基础设施覆盖全体人口。

城乡一体化。即建立起城乡互动、公平公正、良性循环、共同发展的一体化体制，实现城乡资源共享、人力互助、产业互补，逐步实现城乡工业一体化、市场一体化，以工业化带动城镇化，最终实现城乡一体化。

五、破解行政区划约束，建设中小城镇体系

（一）中国城市化进程及 2015—2049 年的预测

1. 城市化进程的逻辑斯谛曲线

美国城市地理学家诺瑟姆（Ray M. Northam）在研究世界各国城市化过程所经历的轨迹时，概括出著名的关于城市化成长的逻辑斯谛曲线[①]。根据该曲线的描述，城市化过程可划分为初期、中期和后期三个阶段。

---

① Ray M. Northam, Urban Geography, New York：John Wiley & Sons, 1975.

（1）初期阶段，即城市人口比重在30%以下。

这一阶段的主要特征是：农村人口占绝对优势，工农业生产力水平较低，工业提供的就业机会有限，农业剩余劳动力释放缓慢。从一些国家的经验上看，城市化率要达到30%，也经过了几十年甚至上百年的时间。

（2）中期阶段，即城市人口占总人口比重在30%~70%。

这一阶段的主要特征是：工业基础比较雄厚，经济实力明显增强，具备了吸收大批农业转移人口的能力，城市化率可在短短的几十年内突破50%，并一路上升到70%。

（3）后期阶段，即城市人口占总人口比重在70%~90%。

这一阶段的主要特征是：农村人口的相对数量和绝对数量已经不大，农村转移人口渐趋停止，城市人口比重接近饱和，一些地方开始出现"逆城市化"的倾向。

城市化进程的S形发展规律如图2所示。

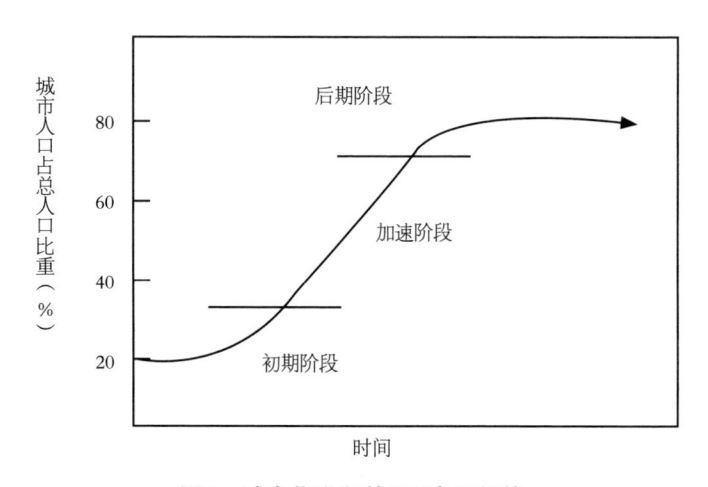

图2　城市化进程的S形发展规律

2. 改革开放以来中国的城市化进程

改革开放30多年以来，中国经历了工业化和城镇化的历史洗礼，经济社会面貌发生了深刻且不可逆转的变化。其中之一就是"乡村中国"向"城市中国"的转化。1978年，我国城镇人口为17245万人，农村人口总数为79014万人，城市化率仅为

10%左右。改革开放后，农村人口开始了大量向城市转移。到2011年，我国城镇人口总数为69078.63万人，农村人口总数为65656.37万人，城市化率达到51%。首次超出了农村人口总数。到2013年，我国居住在城市的人口总数已达7亿人左右，城市化率提高到53.72%。如果以诺瑟姆曲线来表示，整体而言，我国现在正处于城市化的中期，如图3所示。

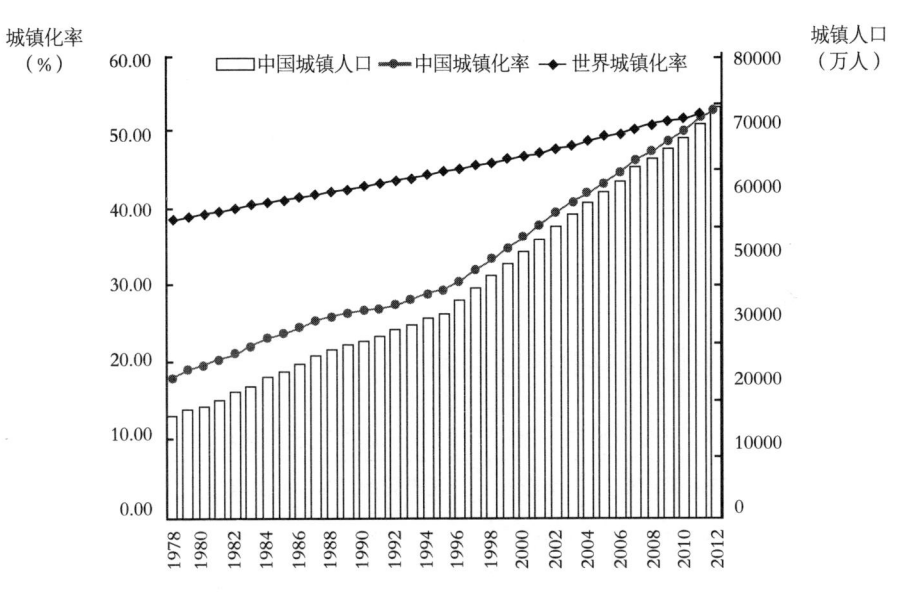

图3 改革开放以来我国城镇化水平趋势图

3. 2015—2049年中国城市化率预测

我们建立以下公式来表达城市化水平与时间之间的关系，然后利用时间序列法对中国未来城市化的水平进行预测。

$$y=1/(1+\lambda e^{-kt}) \quad (1)$$

其中，

y 为城市化水平，

t 为时间，设1978年为0，1979年为1，2006年为28，λ、k 为参数

对式（1）进行变换，可以得到：

$$(1/y)-1=\lambda e^{-kt} \quad (2)$$

对式（2）两边取自然对数，可以得到：

$$\ln(1-y-1)=\ln\lambda-kt \tag{3}$$

令 $\ln\lambda=a_0$，$-k=a_1$，$\ln(1/y-1)=y_1$，

则式（3）就可转化成：

$$y_1=a_0+a_1 t \tag{4}$$

根据1978—2007年的城市化水平计算出 y_1，然后利用SPSS14.0软件计算式（4）的参数计算结果为 $a_0=1.521$，$a_1=-0.044$。而且，相关系数 $r^2=0.982$，可见 y_1 与 t 存在显著的线性关系，说明该一元线性回归方程拟合程度较好。

由 $\ln\lambda=1.521$，可知 $\lambda=4.5768$，

所以，城市化水平的时间序列方程式为：

$$y=1/(1+4.5768e^{-0.044t}) \tag{5}$$

根据式（5），我们可以预测2015—2050年的中国城市化水平，如表3所示。

表3　2015—2050年的中国城市化水平预测

年份	城市化率/%	年份	城市化率/%	年份	城市化率/%
2015	53.77	2027	66.35	2039	76.98
2016	54.86	2028	67.33	2040	77.75
2017	55.95	2029	68.29	2041	78.50
2018	57.03	2030	69.23	2042	79.23
2019	58.10	2031	70.16	2045	81.32
2020	59.17	2032	71.07	2046	81.98
2021	60.23	2033	71.97	2047	82.62
2022	61.28	2034	72.85	2048	83.24
2023	62.32	2035	73.71	2049	83.85
2024	63.34	2036	74.55	2050	84.45
2025	64.36	2037	75.38		
2026	65.36	2038	76.19		

可以看出，到 2020 年即"十三五"结束之时，我国的城市化水平将达到 59.17%，到 2030 年我国的城市化水平将达到 69.23%，到 2049 年，中国城市化将达到 83.85%。至此，中国城市化进程将全部完成。届时，如果按 14 亿中国总人口和峰值计算，将有 11.7 亿人生活在城市。

联合国人口发展司每两年发布一次世界各国人口发展趋势与城乡构成的分析报告。根据这项研究，到 2020 年前后，中国的城市化率在 60% 左右，到 2049 年，接近 80%，与我们的预测比较接近。

（二）失衡的中国城镇体系

与人口快速、巨量向城市聚集不相称的是，由于各方面的原因，我国城镇体系严重失衡。总体而言，从改革开放以来，我国各个层次的城市都有不同程度的发展，城市总数从 1978 年的 193 座增加到 2010 年的 658 座，增长了 3.4 倍。其中，1000 万人以上的特大城市增加到 6 座，500 万~1000 万人的城市从 2 座增加到 10 座，300 万~500 万人的城市从 2 座增加到 21 座，100 万~300 万人的城市从 25 座增加到 103 座，50 万~100 万人的城市从 35 座增加到 138 座，50 万人以下的城市从 129 座增加到 380 座，而建制镇则从 2173 个增加到 19410 个，如表 4 所示。

表4　城市（镇）数量和规模变化情况

单位：个

	1978 年	2010 年
城市	193	658
1000 万以上人口城市	0	6
500 万~1000 万人口城市	2	10
300 万~500 万人口城市	2	21
100 万~300 万人口城市	25	103
50 万~100 万人口城市	35	138
50 万以下人口城市	129	380
建制镇	2173	19410

注：2010 年数据根据第六次全国人口普查数据整理。

但是，改革开放以来，我国以建制计算的城市数并没有同步增长。以地级市为例，1996年城市化启动之时有218个，到2010年增加到282个，此后基本上就很少增加，多年稳定在283个。在县级市层面，县改市在经历了八九十年代初的野蛮生长后，于1996年被紧急叫停，此后一直严格控制。2010年，我国县级市共376个，此后一直没有增加。在镇这一级，一些东南沿海的镇早已聚集在数十万的非农人口和非农产业，但在行政建制上仍然是"镇"，严重影响了本地的公共服务与社会管理，造成了许多问题。

总之，在我国城市化进程中，人口过多过快向东部、向各大城市流动，这本是工业化、城市化的题中应有之义。但由于城镇建制改革滞后，城镇体系失衡，带来了严重的社会问题。由于人口过多过快向大城市聚集，很多大城市现在已得了严重的城市病，空气污染严重、交通极其拥堵、各类公共服务设施不堪重负，城市生活质量下降。在农村，基础设施破败、人口空心化、乡村一片凋敝。这些问题的发生，固然有城乡规划、产业布局、公共服务不均等多方面的问题，但相关行政体制改革滞后是不容忽视的制度性成因。

（三）破解行政区划约束，推进城乡一体化的政策建议

《国家新型城镇化规划（2014—2020）》提出，要"促进各类城市协调发展""加快发展中小城市"。近期推进新型城镇化要重点解决"三个一亿人"①的问题。研究表明，我国20万人口以下的小城市和小城镇，集聚了全部城镇人口的51%，其中县级单元聚集了54.3%。换言之，要实现中西部一亿人就近城镇化的艰巨任务，就必须首先解决中小城市，尤其是中西部小城市建制的问题。

根据我们的研究，城市化进程中，目前最突出的问题是县的出路问题。之所以如此，主要源于两个方面的原因，一是对于城乡关系存在某种固化、教条的理解。各方均认识到，中华人民共和国成立以来就执行的先城后乡、先工后农已经给中国社会，尤其是中国农村带来了严重的破坏性影响。以城带乡、工业反哺农业成

---

① 第一个一亿人是促进一亿农业转移人口落户城镇；第二个一亿人是改造约一亿人居住的城镇棚户区和城中村；第三个一亿人是引导约一亿人在中西部地区就近城镇化。

为共识，这也体现在近年来党中央多次以一号文件的方式表达对于农村问题的高度重视。但是，落实到具体层面，如何发展农村、如何发展农业却众说纷纭。概括而言，可能主要有两种认识，一种是在土地、就业、社会保障等相关问题得不到解决的情况下，先将农村保护起来。说直接点，就是将其与城市化隔绝开来，具体体现在现行农村土地制度及关于城市资本、人口"下乡"的一系列限制性规定上，可以说这是目前在政策层面占主流的认识。二是在城市化进程中实现农村的同步发展，即主张城市与农村的双向流动，城乡之间的土地、人员、资本应按市场规律流动，政府主要承担教育、就业支持、住房、社会保障等方面的"托底"责任。这两种认识中，后者在理论上占上风，前者在政策实践上占上风。具体到城市化进程中以县为代表的农村政区的问题上，就表现为就县论县、就农村论农村，而没有将其放到城市化这一大的历史进程中，正视城市化的进程在某种意义上就是以县为代表的农村政区向城市政区有序转化的过程。

我们认为，实现城乡一体化的关键在于在特大城市、大城市与数量众多的县、镇之间，要有一大批将二者连接起来的中小城市，以真正形成大、中、小相结合、功能互补的城镇体系。结合当前中国的具体情况，应在"十三五"期间，顺应城市化发展的需要，将改革重点集中到县、镇为主的政区改革上，推动一大批符合条件的县由农村政区向城市政区转化。另外，将东南沿海地区已经发展起来的少数经济大镇、强镇通过设立镇级市的方式，赋予其与城市经济社会管理权限，以发挥县、镇有吸纳人口、就地城镇化方面的巨大作用。

1. 立即重启"撤县设市"改革

改革开放以后，东南沿海一些地方的县城率先发展起来，无论是非农人口的比重，还是经济总产值都很快达到了1983年国家出台的撤县改市标准，也正是在这些地方，首先掀起了撤县改市的浪潮。客观地说，在这些地方进行撤县改市在相当大的程度上是顺时应势之举，而且确实促进了当地经济的迅猛发展，也得到了国家层面的首肯。1993年，民政部修订并颁布了新的撤县改市标准，这可以视为对基层首创行为的一种正面肯定。随后，广大内陆省份跟风而上，纷纷启动撤县设市的进程，有条件的要上，没有条件的创造条件也要上，以至出现了一些农村人口仍然占绝大多数的县虚假申报和"假性城镇化"现象，加之已获得批准的县大规模地进行城市基础设施建设，占用了大量耕地良田，威胁到我国粮食安全。1997年，民政部全面叫停了撤县改市，此后基本上处于冻结状态。近20年来，一大批县、镇早已发展起来，早已成为事实上的城市，但政策层面的严防死守导致这些地区仍然处于农村的建制之中，带来了一系列问题。应当适应农村人口大量进城和第二、第三产业快速发展的现实，尽快重启"撤县设市"工作。

（1）重新修订"撤县改市"标准。

现行设市标准是1993年制定的，早已过时，而且事实上也已多年搁置不用。当前，要重新启动撤县设市工作，就必须重新修订设市标准。

综合国外城市设市标准，结合我国的实际情况，我们针对东、中、西的不同情况，分别推荐以下定量化设市标准，作为设市的基础条件。

第一，在东部地区。

经济。全县GDP或人均GDP、地方财政一般预算收入或人均地方财政一般预算收入、城乡居民人均收入水平居于全省（自治区）各县的前10%。近5年GDP平均增速高于本省（自治区）平均增速。第二、第三产业产值占GDP比重，不低于90%。

人口。县城常住人口中从事非农村产业的不低于30万人。全县近5年城镇常住人口平均增速高于本省（自治区）各县城镇常住人口的平均增速。全县从事第二、三产业人口占就业总人口的比重不低于90%。城镇人口增长与城镇建设用地增长相协调，土地利用集约化水平较高。

社会发展。全县社会保障支出和教育投入占GDP比重、千人养老床位数、万人医（卫生）院床位数、社区综合服务设施覆盖率居于本省（自治区）各县的前10%以内。

市政设施。燃气普及率达到90%，公共供水普及率达到95%且水质达标，污水处理率和生活垃圾无害化处理率分别达到85%，绿化覆盖率达到35%。城市建设符合灾害设防标准。

针对我国中西部城市化水平较低的现实情况，为主动推动这些地方城市化的发展，可在综合区域经济、社会发展、人口聚集等多方面因素的基础上，适当放宽条件，以主动"设市"、预先"设市"来培育一批节点城市，以优化我国城市体系，推动新型城镇化的健康发展。

第二，在中部地区。

经济。全县GDP或人均GDP、地方财政一般预算收入或人均地方财政一般预算收入、城乡居民人均收入水平居于全省（自治区）各县的前10%；近5年GDP平均增速高于本省（自治区）平均增速。第二、第三产业产值占GDP比重不低于85%。

人口。县人民政府驻地常住人口从事非农产业的不低于20万人，县总人口中从事非农产业人口比重不低于50%。

社会发展。全县社会保障支出和教育投入占GDP比重、千人养老床位数、万人医（卫生）院床位数、社区综合服务设施覆盖率居于本省（自治区）各县的前10%以内。

市政设施。燃气普及率达到90%，公共供水普及率达到95%且水质达标，污水处理率和生活垃圾无害化处理率分别达到85%，绿化覆盖率达到35%。城市建设符合灾害设防标准。

区位。县域综合实力和可持续发展潜力较强，一般要求位于规划城市群体系之中，或缺少中小城市的地区。

第三，在西部地区。

经济。全县GDP或人均GDP、地方财政一般预算收入或人均地方财政一般预算收入、城乡居民人均收入水平居于全省（自治区）各县的前10%；近5年GDP平均增速高于本省（自治区）平均增速。第二、第三产业产值占GDP比重不低于80%。

人口。县人民政府驻地常住人口从事非农产业的不低于15万人，县总人口中从事非农产业人口比重不低于50%。

社会发展。全县社会保障支出和教育投入占GDP比重、千人养老床位数、万人医（卫生）院床位数、社区综合服务设施覆盖率居于本省（自治区）各县的前10%以内。

市政设施。燃气普及率达到90%，公共供水普及率达到95%且水质达标，污水处理率和生活垃圾无害化处理率分别达到85%，绿化覆盖率达到35%。城市建设符合灾害设防标准。

区位。县域综合实力和可持续发展潜力较强，一般要求位于规划城市群体系之中，或缺少中小城市的地区。

在少数民族地区和边疆地区，自治州人民政府或地区（盟）行政公署的驻地，沿海、沿江、沿边境重要港口和贸易口岸，国家重点企业、骨干工程所在地，旅游大县，国家战略全局中具有政治、国防、外交、安全、稳定等特殊地位的地方。设立县级市的标准可以适当放宽。

另外，设立县级市应符合区域城市规划体系和布局要求，具有较强的可持续发展能力，在优化城镇空间布局中具有重要地位；政府驻地具备良好地质地理条件、生态环境、防洪体系和防灾减灾应急能力；撤县设市后，原由县管辖的乡、镇，由市管辖。县级市不设区和区公所。

必须指出，以上定量标准只是设市的一个基础性条件或者说门槛条件。对于已具备这些条件的县，能否真正撤县设市，还要结合中小城镇体系与空间布局的整体情况来考虑。对此，需要由发改委、民政部等单位牵头成立"国家城镇化与行政区划改革委员会"，综合各方面的情况统筹考虑。另外，我们还注意到，民政部冰冻多年撤县设市政策的背后，还涉及多方面的原因。一旦要重新启动县改市政策，需要做到两个弱化。一是弱化量化指标在能否设市上的决定性作用，一方面，要有一些如上文所言的指标条件作为必要条件，但另一方面又不能将这些指标作为唯一条件。原因很简单，因为一旦将以上指标作为设市的唯一条件，就免不了下面"作指标"，面对诸多完全符合定量指标、但实质上有水分的改市要求，有关部门怎么选择都不会令各方满意。正确的做法是既要有一些指标作为"门槛性条件"，又同时综合区域经济社会发展的总体布局来全面统筹，适时放行。二是要适度弱化行政级别与权力大小之间过于紧密的关联。从过往的经验上看，通过升格为市获得更高的行政级别、更大的权力、更多的资金支持是一些本来不具备设市条件的县采取种种措施"霸王硬上弓"、创造条件升格的主要动因。这一条不改，重启县改市政策，仍然将面临极大地不确定性。要通过简政放权、取消或下放行政审批权限等，弱化城市的行政等级与权力大小、机构设置、人员编制、干部职别等方面过于强烈的关联，推动撤县设市工作更多按经济规律运行。

2. 扩大"镇级市"试点

党的十八届三中全会审议通过的《中共中央关于全面深化改革若干重大问题的决定》再次强调，要"坚持走中国特色新型城镇化道路。对吸纳人口多、经济实力强的镇，可赋予同人口和经济规模相适应的管理权"。在《国家新型城镇化综合试点方案》中，已将浙江苍南县龙港镇、吉林安图县二道白河镇纳入新型城镇化试点。镇的改革已经被提上国家战略日程。

（1）改革开放以来形成了一大批巨型镇、特强镇、特大镇。

当前，我国共有各类建制镇17000多个，其中人口超过10万人的多达56个，个别镇的人口甚至超过了60万人。一般而言，学术界把人口规模、经济实力已经达到或超过设标准（有的规模甚至达到中等城市），却依然执行乡镇管理体制的小城镇称为特大镇，其主要特征如下。

人口规模大。按全国第六次全国人口普查的数据，全国镇区总人口达到20万~50万人的有9个，镇区总人口在10万~20万人的有142个，其中人口最多的是河北三河市燕郊镇，镇域总人口达80万人，如表5所示。

表5　"六普"中我国常住人口最多的前10个镇

	镇名称	常住人口
1	广东佛山市狮山镇	665000人
2	广东东莞市长安镇	664230人
3	广东东莞市虎门镇	638657人
4	广东东莞市塘厦镇	482067人
5	河北三河市燕郊镇	447000人
6	广东东莞市厚街镇	438283人
7	广东东莞市寮步镇	418578人
8	江苏吴江区盛泽镇	402000人
9	浙江苍南县龙港镇	396000人
10	广东东莞市常平镇	386378人

注：目前河北三河市燕郊镇镇域总人口已有80万人，其中常住人口44.7万人，流动人口25.3万人。苍南县龙港镇镇域总人口目前已达50万人，其中户籍人口36万人，流动人口14万人左右。

经济实力强。在 2010 年前，国家有关部门进行过全国"千强镇"的评选，结果已显示出这些镇超强的经济实力。以 2008 年为例，每个千强镇平均吸纳了 4.4 万个非农人口就业，财政收入超过 20 亿元的镇有 26 个，超过 10 亿元的有 94 个。2010 年以后，由于种种原因，国家停止了该项评选。不过，一些机构仍然继续此项工作。2014 年，中国社科院课题组以国家统计局公布的"千强镇"为基本评价对象，在考虑到数据可得性和可比性的前提下，选取了地区生产总值、人均地区生产总值、地方财政收入三个指标进行综合比较，计算出建制镇的综合得分，给出全国百强镇的排名，可以作为重要参考。

主要分布在东南沿海地区。历次调查数据均表明，这些特大特强镇主要分布在东南沿海一带，尤其是长江三角洲与珠江三角洲。2008 年，全国千强镇中，江苏有 232 个，浙江有 334 个，如果加上上海和广东，这四个省的千强镇要占到全国的 74%，约 3/4 左右。2014 年，全国百强镇排名中，也是上海最多，有 28 个，江苏、广东、浙江分别有 23、22、19 个。在前 10 大人口乡镇里，仅广东的东莞就占了 6 个，虎门镇更是被誉为"中国第一镇"。经过多年发展，这些镇均已进入了工业化后期，无论是非农人口，还是产业规模，以至财政收入早已达到甚至超过了一些地级市的水平，是名副其实的经济"巨型镇"。

但是，对于这些特大镇而言，尽管人口众多，非农产业占据绝对优势，但在其行政体制上，仍然属于农村，镇政府无论是从人员编制、机构设置，都是按农村政区的规制进行设置，与其实际的城市化水平严重不相符合。以广东狮山镇为例，全年生产总值约 803 亿元，比广东的潮州（798 亿元）、河源（720 亿元）、汕尾（710 亿元）和云浮（623 亿元）四个地级市分别的生产总值都要高，可谓"富可敌市"。但受现行行政体制的束缚，这些巨型镇、特大镇、特强镇仍然必须保持农村镇的机构设置、人员编制和管理权限，"小马拉大车""责大权小""看得见却管不着"，管理责任与行政权力之间严重脱节，严重阻碍了城乡一体化的发展。以浙江温州龙港镇为例，这里常住人口有近 50 万人、3 万辆汽车，但仅有在编交警 2 个，真正能上路执法的只有 7 个交警，镇区交通混乱不堪。为了管理交通，镇里自己筹资组建了一支 200 人的没有执法权的巡防大队来负责治安。在佛山容桂，公务员编制不到 80

人，却要负担50万人和上万家企业的公共服务，因此当地只能长期聘请"合同工"，解决基层行政人员不足的问题。在温州乐清市柳市镇，该镇有乐清市派出的环保、安监等机构20多个，但镇里并无权力对这些机构进行管理，也没有行政执法权，对环境污染、安全生产、食品卫生等都无权查处。由于受农村政区机构设置方面的限制，这些特大镇的公共服务设施也严重不敷使用，涉及社会保障、城镇规划、基础设施投资项目、外商投资产业项目等，都必须要到上级进行审批，需要予以改革。

（2）改革的方向是设立镇级市。

镇级市也就是县辖市，地位与乡、镇相当。如果拉长历史视角，就会发现，当下在许多人眼中属于新生事物的镇级市，其实在国内外早就存在。以我国而言，早在清末，就有江西景德镇、河南朱仙镇、武汉汉口镇等类似"镇级市"。民国时期，据不完全史料记载，不同政权下至少设置过21个镇级市。镇级市也并非仅存在大陆，在我国台湾，也有"县辖市"，县辖市的标准为：第一，县政府所在地；第二，工商业发达、财政充裕、交通便利、公共设施完备、人口在10万人（1992年修改为15万人）以上者。截至2014年，台湾地区共设有18个县辖市，其中仅桃园县就拥有6个县辖市。

1953年年初，出于规范行政区划体系的考虑，国家取消了县辖市，全国范围内的县辖市除少部分升格为地辖市（县级市）外，绝大多数改称为镇，与乡平级，镇级市退出了人们的视野范围。"镇级市"的概念重新回到公众视野是在2010年2月，浙江省有人提出，要"把乐清市柳市镇、瑞安市塘下镇、永嘉县瓯北镇、平阳县鳌江镇、苍南县龙港镇这5个试点强镇建设成为镇级市"，并启动了一系列地方改革。在其示范作用下，不少省市先后加入"镇改市"试点的浪潮中，其中又以广东、山东、浙江等东南沿海发达省份为先。

根据我国现阶段发展现状，应积极考虑将人口、经济、财政、税收及城市建设达到一定规模和标准的"镇"改设为市，这是新时期实现农村转移人口就地城镇化的重要途径，有助于实现城乡均衡发展，推动城乡一体化进程。在参考民政部设市标准和国内相关研究的基础上，我们推荐以下县设立镇级市的标准。

经济。全镇的财政总收入位于全省镇前列，第二、第三产业增加值占全镇GDP比重的80%以上，第二、第三产业从业人口比重达到80%以上。

人口。常住人口20万人以上，户籍人口达到10万人以上。中心镇区形成比较合理的居住、工业、商贸、生态等功能分区。

社会发展。社会保障支出和教育投入占GDP比重、千人养老床位数、万人医（卫生）院床位数、社区综合服务设施覆盖率达到本省以县为标准的中上水平。

市政设施。已形成比较完备的水、电、路、气、环保等市政基础设施和比较发达的教育、医疗、体育、文化、养老等公共服务设施。

区位。与县城所在地的直线距离在35千米以上。

必须同时指出，设立"镇级市"的本质在于以现代化小城市标准进行规划、建设和管理，核心在于"放权"。因此，同撤县设市一样，镇改市的试点与推进，同样需要弱化其与行政级别之间的关联度。当前及今后一个时期，应当按城市建设和管理要求，重点将东部地区已经发展起来的镇改为市，以为其脱下行政体制束缚的外衣，率先促进这些地区的城乡一体化发展。在广大的中西部，则要根据区位与人口集聚情况，视需要适度培育一批镇级市，以共同推动城乡一体化和区域经济的协调发展。

3. 科学有序推进"县改区"，重新定位省直管县

在积极推进撤县设市、扩大镇级市的同时，必须看到，在我国城乡一体化进程中，不是所有的县都要成为独立的市，也不是所有的农村县都要变成城市县。基于我国的国情，农村、农业县（镇）仍然将长期存在，而且是美丽中国的一个重要组成部分。对此，需要分门别类，对接相应的政策通道。主要有两个方面。

第一，县改区。基于区域经济健康发展的考量，对一些在地理位置上邻近中心城市，与其经济、社会等关联度极强的县，其发展方向就不是设市，而应当是改区。市场经济是自动扩展的经济，能自动地将周围的要素、空间等内卷到某种自发的秩序之中，进而获得区域协同、规模发展的巨大效应，这在长三角、珠三角已经看得十分清楚。对此，只能顺应，不能违背，绝不能因一县之私、一人之私，将这些应当同周遭城市协同发展的县也变成市。原因很简单，在我国现行体制下，多一个市，就多一道行政藩篱，就多一道阻隔要素流动的无形之墙。这对于与临近中心城市已事实上融为一体的县而言，有百害而无一利。具体操作上，可通过一系列指标，测试县与邻近市的经济联系强弱程度判别，凡是那些与中心城市空间距离较近、产业联系度高、资金人员信息往来频密的县，其行政建制上的取向都是改区，以维护市场经济内在联系，促进区域经济一体化的逐渐生成。

第二，省直管县。在县改市、县改区之外，我国仍然将有大量的农村地区。对此，可通过"省直管县"的方式、保持这些地区在基本公共服务、农村建设与管理上与城市化进程同步。为此，需要重新定位省直管县的政策目标问题，将其锚定在为农村的发展稳定托底上。究其原因，是因为市场经济、城市化是把双刃剑，在获得经济效率的同时，势必同时会造就一些相对弱势的地区、产业和人群。相对于城市，农村无疑是弱势的，政府要为农村发展托底，要防止城市化这列火车在轰隆向前时仅关注城市而将农村落下。这是一篇大文章，但在行政改革层面，就表现为省直管县。具体而言，一是通过财政转移支付制度，保证农业县在运转、民生、基本公共服务等方面的需要，而这正是财政部门早已施行的县级基本财力保障机制。未来，还应进一步在保障内容、标准上下功夫。二是发展现代农业、规模农业，要通过健全体制机制，将城市的工商业资本、人力资本等，通过市场机制合理、有序地引导到农村和农业之中，推动农业经营向现代化、规模化方向发展。三是深化农村土地制度改革，建立城乡之间要素平等交换、自由流动的机制，共享增长与繁荣。总之，保护农村、稳定农村并不意味要将其与城市隔绝开来，而是一方面拥抱市场和城市，另一方面由政府出面，为其中可能蕴藏的风险托底，保证城市与农村共享增长与繁荣。在广大的中西部欠发达地区，要通过主动作为，将一些县培育为未来城镇体系一个节点，短期内可通过省直管县这种方式导入资源、导入机会。当其城市规模、非农产业、非农人口达到一定的程度，已具备城市的内核时，就应当及时撤县设市、或并入更大的区块发展。这一逻辑同样适用于在较长时期仍然以农业为主的县，长远而言，只有具备条件，就应当获得顺利转向城市政区的机会。

4. 对"十三五"到 2049 年的预测与分阶段目标

2014 年 11 月 20 日，国务院印发《关于调整城市规模划分标准的通知》，调整了原有城市规模划分标准，明确了新的标准。新的城市规模划分标准以城区常住人口为统计口径，将城市划分为五类七档：城区常住人口50万人以下的城市为小城市，其中20万人以上50万人以下的城市为Ⅰ型小城市，20万人以下的城市为Ⅱ型小城市；城区常住人口50万人以上100万人以下的城市为中等城市；城区常住人口100万人以上500万人以下的城市为大城市，其中300万人以上500万人以下的城市为Ⅰ型大城市，100万人以上300万人以下的城市为Ⅱ型大城市；城区常住人口500万人以上1000万人以下的城市为特大城市；城区常住人口1000万人以上的城市为超大城市。以此为标准，我们对2015年到2049年，我国需要多少能容纳50万人以下人口的小城市进行测算。

假设1：当前我国新型城镇化持续推进，国内外总体环境保持不变。

假设2：至少有50%的中国人口生活在50万人以下的小城镇。

计算公式：50万人以下小城市数 = 城市人口数 × 50%/50

根据联合国人口司发布的《世界人口变化趋势》中对于中国总人口的预测（中位数），以及该机构对于中国城市化速率的预测，我们计算出2015—2049年需要的50万人口的小城镇数，如表6所示。

表6　2015—2049年我国城市化率、城市人口、50万人以下小城市数预测

单位：千人

年份（1）	人口总数（2）	城市人口（3）	居住在小城镇的人口（按50%计划）（4）	需要的小城市数（按50万人的国家标准计算）（5）	阶段性目标
2015	1401587	779479	389739.5	779	380
2020	1432868	874427	437213.5	874	480
2025	1448984	947540	473770	947	—
2030	1453297	998925	499462.5	999	680
2035	1448589	1030048	515024	1030	—
2040	1435499	1044395	522197.5	1044	—
2045	1414089	1050838	525419	1051	—
2049	1384977	1049948	524974	1050	980

资料来源：(3)、(4)人口总数预测（基于中位预测）、城市人口数均来源于联合国网站（1）(5)两项根据有关数据计算得到。2049年数用2050年预测数代替。

简言之，按联合国对中国的人口趋势与城市化率的相关测算数据，按50%的城市人口居住在50万人以下的小城市的标准进行测算，2015年，我国需要779座这样的小城市，到2020年，我国需要874座这样的小城市，以此类推，2030年需要999座，2049年需要1050座。

现实的情况是，在2010年，我国50万人以下人口的小城市仅有380座[1]，其中的差距可谓巨大。因此，从现在起到2020年，应当在现有的强县、大县、特大镇、特强镇中，选取若干具备条件者设立为市。考虑到前期已积压巨量城市流动人口及我国处于城市化加速时期的现实情况，我们认为初期应当快一些，设为市的县、镇应当多一些，我们的建议数是100个（当然是在思路明确、标准清楚、程序严密的前提之下）。2020—2030年，从预测的数据上看，仍然是城市化加速的时期，因此设市的节奏仍然要保持较快的速度，我们建议是每年不低于20个，共计200个。2031—2049年，我国城市化的速度已趋稳，因此设市的速度可有所减缓，每年保持在15个左右，共计300个。这样到2049年的时候，我国将有50万人以下的小城市1000座左右，基本符合其时我国城乡人口分布的情况。

总之，推进城乡一体化战略的核心在于将农业、农村、农民增收的"三农"问题放置于工业化、城市化的历史洪流之中，不是就农村论农村，不是将农村的发展稳定在"保护"之名下与城市的发展割裂开来，不仅需要在空间建设一大批中小城镇，而且还要在制度上建设一大批中小城镇，以顺应城市化的历史进程，推动城乡一体化战略向纵深推进。

六、推进城乡基本公共服务一体化

基本公共服务是指覆盖全体公民、与民生密切相关的特定公共服务。衡量公共服务是否属于基本公共服务可将以下几项指标作为判断依据。可获得性，即无论何时何地，无论是哪个群体都能得到同质的服务；基础性，即这些服务是人类生存和

---

[1] 这几年仅有极略少量的增加。

发展的基础，和人类的基本人权密切相关；非歧视性，即所有国民都有资格享受同质的服务；普惠性，即服务的价格要使大多数人能够接受，公民不因所处的地理位置差异、所处的社会阶层不同、所拥有的财富多少而得到不同的服务。基于我国现在与未来一个时期的特定情况，基本公共服务可以界定为以下 8 项：公共教育、劳动就业服务、社会保障、基本社会服务、医疗卫生、人口计生、住房保障、公共文化等，其中社会保障又主要是指社会保险，包括基本养老保险、基本医疗保险、失业保险、生育保险等。

改革开放 36 年来，中国在经济领域取得了辉煌的成就，成为世界上经济表现最佳的国家之一。但与经济成就形成鲜明反差的是，政府提供的基本公共服务总量不足、质量偏低，均等化、一体化程度较差，难以满足人民群众日益增长的公共需求。推进基本公共服务均等化是实施城乡一体化战略的重要内容之一。在"十三五"乃至未来一个时期内（2015—2049 年），逐步推进城乡基本公共服务一体化对于切实保障人民群众最关心、最直接、最现实的利益，促进社会公平正义具有十分重要的意义，也直接关联全面建成小康社会的目标，对于实现全体中国人的"中国梦"有着重大意义。

（一）推进城乡基本公共服务一体化的重大战略意义

1. 经济维度的考量

一方面，中国经济持续多年高速增长，2014 年 GDP 已达 63 万亿元，约为日本的 2 倍，财力基础今非昔比，基本具备推进城乡基本公共服务一体化的条件实力。另一方面，中国经济已步入新常态，寻找新的驱动力势在必行，城乡一体化的基本公共服务有助于稳定民众预期，释放消费潜力，培育新的经济增长点，推动经济转型升级。从经济学角度看，根据边际效用递减规律，向财政资源不足地区转移财力，增加公共服务供给，所产生的效用远大于投向财力充裕地区。中国目前已进入工业化中期阶段，农业在 GDP 中的比重仍在不断下降，从促进城乡协调发展的角度看，实现基本公共服务一体化也有重要意义。一体化的基本公共服务将有助于生产要素在利益引导下，按照市场规律在地区间、城乡间流动，有助于统一市场的形成，进而促进地区之间、城乡之间经济社会的协调、持续发展，为中国经济长期稳定发展注入活力。

2. 政治维度的考量

享受一体化、均等的基本公共服务是人类发展文明的产物，其核心原则来源于西方国家，是人类 20 世纪所建立的最重要的制度文明之一。从某种程度上说，为本国居民提供均等化的基本公共服务，是政府义不容辞的责任与义务。满足人民群众的基本公共服务需求是党和政府对人民的庄严承诺。通过实现城乡基本公共服务一体化解除全体国民尤其是农民的后顾之忧是党和政府的施政方向，有助于全面建成小康社会目标的达成，实现"中国梦"。我们认为，提出促进城乡基本公共服务一体化，是中国从以阶级斗争为纲转向以经济建设为中心后的又一次重大转型，其价值在未来几十年将会逐步显现。

3. 社会维度的考量

城乡之间基本公共服务非均等化、碎片化已为公众所熟知。以社会保障为例，城市居民的社会保障体系早已建立，但农民的养老保障与最低生活保障近年才启动，且其保障水平远低于城市。在医疗方面，20 世纪 60 年代享誉全球的中国农村"赤脚医生模式"早已辉煌不再，大量优质的医疗资源集中在城市尤其是大城市，农村居民面临严重的看病难、看病贵等问题。虽然政府已经采取了诸多措施，但是完全消弭城乡之间的基本公共服务鸿沟依然很艰巨。

同时，推进城乡基本公共服务一体化是反贫困的重要举措。研究表明，在没有外部力量的干预下，贫困和不平等很容易在代与代之间进行复制。通过提供均等化的基本公共服务，将有助于避免贫困和不平等在代际间的传递。联合国开发计划署曾提出，摆脱贫困陷阱要求相关国家在卫生保健、技术、教育和基础设施和良好的治理等方面跨过关键的门槛，从而实现可持续经济增长的起飞。更好的健康与教育状况既是人类发展的目标，也是可持续增长的前提，在人均收入取得实质性提高之前，卫生保健和教育能够而且应该取得巨大进步。通过提供一体化的基本公共服务，保证贫困家庭享有基本的医疗卫生和生活保障，子女接受必要的教育，有助于这些家庭实现永久性的自我脱贫。

4. 国际维度的考量

在国外，许多国家都将提供一体化、均等化的基本公共服务作为重要的公共政策之一。澳大利亚号称拥有世界上均等化程度最高的转移支付体系，为保证土著居民和城市居民同等享受基本的教育、医疗服务，国家投入了大量的财力物力。20世纪90年代德国统一后，没有出现大的社会动荡，继续保持较快的经济社会发展，位列世界最发达的国家之一，一体化的基本公共服务是重要原因之一。北欧国家瑞典、挪威等在经济不发达时就建立了一体化的基本公共服务体系，有力地缓和了国内矛盾，维护社会稳定，促进经济发展，时至今日，仍在世界上拥有很强的竞争力。作为社会主义国家，提供无差别、无歧视，城乡一体化发展的基本公共服务是应有之义。

（二）当前推进城乡基本公共服务一体化面临的主要制度障碍

1. 城乡二元分割体制短期内无法消除

作为世界上最大的发展中国家，中国将在一个较长时期内处于社会主义初级阶段。从20世纪50年代后期起，随着计划经济体制的确立，我们人为地将户籍分为城市户籍和农村户籍，由此形成城乡二元体制，城乡也就被割裂开来了。在城乡二元体制下，广大农民被束缚在土地上、禁锢在农村中，农民和城市居民所享受的基本公共服务也是存在很大差距的。城乡二元体制造成了城市和农村的非均衡发展，资源逆向配置，城镇化畸形发展。必须承认，城乡二元体制作为长期形成的客观现象，受到经济、社会发展失衡制约及其他因素的影响，短期内无法消除，这是推进城乡基本公共服务一体化面临的最大障碍。

2. 城乡基本公共服务制度碎片化、标准不统一

长期以来，城市与农村的基本公共服务制度呈碎片化形态。农村基本公共服务的提供主要是农民自身而非公共财政。由于户籍制度的制约，城乡居民在基本权利和发展机会上存在很大的差别。虽然近年来有所改观，新型城镇化的推进让农民到

城市落户定居成为可能。但从总体上看，城乡二元的基本公共服务制度未发生根本性改变。农村和城市在义务教育、公共卫生和基本医疗、基本社会保障方面依然存在较大差距，城乡基本公共服务一体化发展亟待破题。

3. 国家财政资源配置的非均等化

根据公共经济原理，应按公共产品的层次性和受益范围划分各级政府的事权责任。全国性公共产品由中央政府来提供，受益范围局限于某一辖区的区域性公共产品由该地区政府负责提供，介于两者之间、具有明显外部性的公共产品，分清主次责任，由中央、不同地区政府共同协商提供。但是，中国财政资源并没有按此进行配置。城乡一体化的基本公共服务进展缓慢。

4. 地方政府推动城乡基本公共服务一体化内在激励不足

改革开放以来，我国政府在推动经济增长中发挥了巨大的作用，从中央政府到地方政府都具有强烈的"公司化""企业化"特征。以地方政府为例，整个政府专注于辖区经济增长，财力主力投向招商引资、修桥筑路、政绩工程。与此相对应，政府在教育、基本医疗、社会保障等方面的投入，相对于经济建设明显不足。进一步地，政府在农村基本公共服务方面的投入，相对于城市而言，更是明显不足。由于现行社会保障制度的碎片化，不同地区、不同所有制、不同身份的人面对的制度不同、标准不同、条件不同，全国范围内差异极大，地方政府推动城乡基本公共服务一体化，既没有动力，也没有条件。

（三）破解体制机制约束，推动城乡基本公共服务一体化的相关政策主张

城乡基本公共服务一体化既是一个经济问题，也是一个民生问题，还是一个政治问题。按照顶层设计要求，要推动城乡基本公共服务一体化，必须合理确定中国城乡基本公共服务一体化的目标，妥善处理相关利益主体之间的关系，推动相关制度变革，为实施城乡基本公共服务一体化目标奠定基础。

1. 实施城乡基本公共服务一体化战略的目标设定

所谓"城乡一体",即把对城镇职工、城镇居民与农村居民的基本公共服务作为一个整体进行谋划和研究,瞄向均等化、一体化的目标,缩小城乡间基本公共服务的差距,着力保障城乡居民生存发展基本需求,增强服务供给能力,着力创新体制机制,加快建立健全符合国情、比较完整、覆盖城乡、可持续的基本公共服务体系,让全体人民同步共享发展成果。

把基本公共服务确立为必须向国民提供的公共产品范畴。

完善覆盖规则统一、标准逐渐同一的基本公共服务制度。

建设覆盖城乡居民、方便可及的基本公共服务体系。

推进基本公共服务的标准化、定型化,缩小城乡差距,提高城乡基本公共服务的一体化水平。

实现基本公共服务的财政可持续性。

2. 妥善处理城乡基本公共服务实施战略中的几组关系

(1) 处理好政府与市场在公共服务提供与生产方面的关系。

一方面,政府在促进城乡基本公共服务一体化上应主要承担"提供"责任。这既是基于基本公共服务内在属性,也是发挥政府弥补市场失灵作用的重要体现,因此在市场经济条件下,城乡的优劣势显而易见。如果没有政府的介入,城乡差距的缩小,基本公共服务的一体化只能是镜花水月。另一方面,基于大多数基本公共服务受益主体可识别、受益程度可衡量的特殊属性,在相关基本公共服务的生产范畴内,应当而且必须引入市场主体,实现公共服务"生产"主体的多元化,增加公共服务的数量,提升公共服务的质量。

(2) 处理好中央政府与地方政府在基本公共服务方面的分工关系。

推进城乡基本公共服务一体化中央与地方政府应各司其职,各负其责。中央政府应主要做好顶层设计、制度供给,在事关全体人民福祉的大宗基本公共服务上做好规划,如社会保障制度的一体化等。地方政府应侧重于本辖区内的基本公共服务提供与管理。具体而言,可按公共产品的受益范围、激励相容、信息可得性等原则,进一步分清中央政府和地方政府在基本公共服务方面的职能分工。

（3）妥善处理好"尽力而为"与"量力而行"的关系。

推进城乡基本公共服务一体化要秉持动态、发展的眼光，一定要从现实国情出发，坚持尽力而为和量力而行相统一，既要尽最大努力做到尽力而为，又要不超越可能，切实量力而行。要从现实国情出发，从各地民生保障的实际水平出发，尊重现实，统筹安排，不空口许诺，不超出财力，不超越阶段，不超越可能，未来可持续。

3. 推进城乡基本公共服务一体化的具体操作措施

（1）加强制度创新，推动城乡主要基本公共服务制度并轨。

城乡基本公共服务主要的问题在于制度结构的二元化，既是城乡不公平中最大的不公平，也是最急需解决的难题之一。必须大力推进制度创新，以基本公共服务一体化为导向，推动相关制度对接、并轨。一是要统筹城乡养老保险制度，二是尽快整合城乡基本医保管理职能，整体推进城乡居民大病保险，三是做好基础养老金全国统筹方案制订工作。

（2）构建农村基本公共服务体系，逐步缩小城乡基本公共服务水平差距。

客观评价，中国农村基本公共服务体系建设刚刚起步，因此当务之急是健全完善。按照强化基层的原则，打破行业分割和地区分割，加快推进城乡基本公共服务制度一体化建设，着力推进区域间制度统筹衔接，加大公共资源向农村、贫困地区和社会弱势群体倾斜力度，实现基本公共服务制度覆盖全民。当前可优先保障基本公共教育、劳动就业服务、社会保险、基本社会服务、基本医疗卫生、人口和计划生育、基本住房保障等服务的提供，随着经济社会发展逐步扩大范围和提高标准。

（3）建立财政投入及保障机制，增强公共财政保障能力。

建立与经济发展和政府财力增长相适应的基本公共服务财政支出增长机制，切实增强各级财政特别是县级财政提供基本公共服务的保障能力。否则推进城乡基本公共服务一体化难以实现。一是优化财政支出结构。各级政府要优先安排预算用于基本公共服务，并确保增长幅度与财力的增长相匹配、同基本公共服务需求相适应，推进实施按照地区常住人口安排基本公共服务支出。二是拓宽基本公共服务资金来源。安排中央资金支持贫困地区和薄弱环节提高基本公共服务能力，地方各级政府特别是省级政府要安排相应资金。拓宽政府筹资渠道，增加基本公共服务基础设施投入。三是提高县级财政保障基本公共服务能力。中央财政制定县级基本公共服务财力保障范围和保障标准，并根据相关政策和因素变化情况动态调整。省、市级财政要按照本行政区划内基本公共服务均等化的要求，逐步提高县级财政在省以下财力分配中的比重，帮助困难县（市、区）弥补基本财力缺口。县级政府要强化自我约束，科学统筹财力，规范预算管理。中央财政要完善县级财政保障基本公共服务的激励约束机制，根据基层工作实绩实施奖励。

（4）促进政府职能转型，提高基本公共服务能力。

在公共服务体制中，政府发挥着关键性的作用，这与其公共职能定位高度相关。政府如果不能充分体现民意，顺利转变职能，则基本公共服务体制难以建立和完善。必须承认，中国政府在公共服务领域的绩效并不令人满意。这种"为增长而竞争"的政府模式显然已不适应要求，必须尽快进行转型。换句话说，公共服务型政府是促进城乡基本公共服务一体化的关键所在。建设公共服务型政府，并不意味着扩大行政权力；强化公共服务职能，并不意味着集中资源，强化行政控制，而是要将无所不为的"万能政府"转变成有所为有所不为的"有限政府"，把工作内容集中到宏观调控、市场监管、社会管理、公共服务与环境保护等方面上来，重点是创造良好发展环境、提供优质公共服务、维护社会公平正义。首先，"缺位"的职能必须"到位"。目前的公共服务供给已不能满足全体居民的需要，离一体化的目标差距尚大，务必在下一步改革中"到位"，逐步建立起惠及全民、公平公正、水平适度、具有持续性的基本公共服务体系。其次，"错位"的职能必须"正位"。按照权责一致原则，合理界定政府职能，理顺各层级政府之间的职责关系，解决好政府间的非对称性分权问题。再次，"越位"的职能必须"退位"。将不应由政府承担的事务转移出去，做到"政府的归政府，市场的归市场"，更好地发挥市场在资源配置中的决定性作用，更好地发挥政府在提供公共服务方面的主导作用。

（5）健全法律法规，明确政府间提供基本公共服务的职责。

综合考虑公共服务的受益范围、成本效率、基层优先、激励相容等因素，合理界定中央政府与地方政府的基本公共服务事权和支出责任，并逐步通过法律形式予以明确。中央政府主要负责制定国家基本公共服务标准和政策法规，提供涉及中央事权的基本公共服务，协调跨省（区、市）的基本公共服务问题，以及对各省级政府提供的基本公共服务进行监督、考核与问责。省级政府主要负责制定本地区基本公共服务标准和地方政策法规，提供涉及地方事权的基本公共服务，以及对市级和县级政府提供的基本公共服务进行监督、考核与问责。市级和县级政府具体负责本地基本公共服务的提供以及对基本公共服务机构的监管。我们建议增加中央和省级政府在基本公共服务领域的事权和支出责任。强化省级政府在教育、就业、社会保险、社会服务、医疗卫生等领域基本公共服务的支出责任。

（6）提高治理水平，建立城乡基本公共服务一体化评估机制。

如何衡量城乡基本公共服务一体化的绩效？按照国家治理现代化的要求，建立科学的评估机制是途径之一。各级政府和相关部门应开展辖区的基本公共服务一体化程度监测评估。增加基本公共服务绩效考核在政府和干部政绩考核中的权重。自觉接受同级人大、政协和人民群众的监督。健全基本公共服务预算公开机制，提高预算透明度。建立民生服务设施建设质量追溯制度，对学校、医院、福利机构、保障性住房等建筑质量实行终身负责制。积极开展基本公共服务社会满意度调查。鼓励多方参与评估，积极引入第三方评估。

（四）推进城乡基本公共服务的"三步走"战略

1. 第一步：奠定城乡基本公共服务一体化基础（2016—2020年）

"十三五"时期，中国的发展进入新常态，要把建立健全城乡基本公共服务体系作为保障和改善民生制度安排，实现城乡基本公共服务一体化的重大任务，并与全面建成小康社会战略目标和任务紧密衔接。"十三五"时期的主要建议有以下几方面。

（1）按照统一标准确定明晰的城乡基本公共服务的范围。

目前，中央规定的基本公共服务范围包括公共教育、劳动就业服务、社会保障、基本社会服务、医疗卫生、人口计生、住房保障、公共文化等领域的基本公共服务。此外，国家"十二五"规划纲要还明确了基础设施、环境保护两个领域的基本公共服务重点任务，包括行政村通公路和客运班车，城市建成区公共交通全覆盖；行政村通电，无电地区人口全部用上电；邮政服务做到乡乡设所、村村通邮；县县具备污水、垃圾无害化处理能力和环境监测评估能力；保障城乡饮用水水源地安全等。其中哪些应该达到城乡一体化水平的尚不明确，"十三五"期间应予以较为清晰的界定。

《宪法》明确规定，社会保障、医疗保险、社会救助、基础教育和就业是每个公民的基本权利，而保证公民均等、公平地分享这一权利是政府的重要职责之一。

（2）推进城乡基本公共服务制度衔接。

以制度统一为切入点，抓紧制定和实施城乡基本公共服务一体化制度的工作目标和阶段任务。基本公共服务国家标准体系和标准动态调整机制逐步健全，各项制度实现全覆盖。我们认为，"十三五"期间，应根据经济社会发展及群众公共需求的变化及时调整相关基本公共服务的标准，缩小城乡居民在基本公共服务上差距，瞄向城乡基本公共服务一体化。

（3）加强城乡基本公共服务一体化规划。

与基本公共服务相关的各类规划应以服务半径、服务人口为依据，打破城乡界限，实现制度统筹。制定实施城乡统一的基本公共服务设施配置和建设标准。逐步建立以基层为重点的基本公共服务网络，提高基本公共服务设施标准化和服务规范化、专业化、信息化水平，保障城乡居民能够就近获得基本公共服务，服务方便可及。

（4）加大农村基本公共服务支持力度。

政府应大幅增加对基本公共服务的投入，逐步提高基本公共服务预算支出占财政支出比重，财力分配向农村尤其是西部欠发达地区农村倾斜。同时，鼓励和引导城市优质公共服务资源向农村延伸，包括充分利用信息技术和流动服务等手段，让农村居民获得更便捷、更广泛的信息与服务，促进农村共享城市优质公共服务资源。

（5）以输入地政府管理为主，加快建立农民工等流动人口基本公共服务制度，逐步实现基本公共服务由户籍人口向常住人口扩展，破解城市二元结构难题。

中国正在从"农村中国"转型为"城市中国"，但出现了城乡二元结构与城市内部二元结构叠加的局面。城市二元结构是在城乡二元结构的基础上发展起来的，其带来的深刻影响不容忽视，应在"十三五"时期建立相关制度，及早谋划，未雨绸缪。将基本公共服务领域各项法律法规和政策与户口性质相脱离，保障符合条件的外来人口与本地居民平等享有基本公共服务。采取有效措施让进城农民工融入企业，其子女融入学校，家庭融入社区，消除城市居民与外来移民的隔阂。

（6）明确划定不同层级政府在推进城乡基本公共服务一体化中的责任。

政府推进城乡基本公共服务一体化的目标必须明确建立在公平、正义、共享、包容等核心价值观的基础之上。遵循这一思路，各级政府才能合理划分基本公共服务责任，当务之急是社会保障、医疗卫生、义务教育等事权适当上收，财力逐步下沉。率先在县（市、区）域内实现基本公共服务的一体化，提高老少边穷地区农村的基本公共服务水平。

（7）选择部分试点。

与新型城镇化相配合，开展城乡基本公共服务制度一体化改革试点，有条件的可率先把农村居民纳入城镇基本公共服务保障范围；暂不具备条件的，要注重缩小城乡服务水平差距，同时，预留制度对接空间。

（8）建立城乡居民基本公共服务需求表达机制。

发挥各类社会组织在基本公共服务需求表达、服务供给等方面的作用，促进服务成本个人负担比率合理下降，不断提高社会满意度。防止公共服务活动的"走样"，建立相应的考核监督机制，避免"上有政策，下有对策"现象的发生。

（9）"十三五"应重点抓好的三项工作。

确保病有所医，将基本医疗卫生制度作为公共产品优先向农村贫困人群提供，减少"因病致贫返贫"现象发生。农村贫困人口是我们全面建成小康社会的短板所在。农村贫困人群与一般人群不同,需要政府提供额外的资金支持来消除贫困的根源,彻底消除返贫的可能。政府对医疗卫生事业投入的增长幅度应高于财政收入的增长幅度,医疗卫生资源优先向贫困地区农村倾斜,降低贫困人群自付比例。城市医院医生每年都应有一定时间在农村开展医疗服务,并将其作为晋升的重要标准。建立一揽子方案从源头预防疾病。普及卫生防疫知识,确保农村饮水安全、生活不良习惯,提供多样化、多层次的医疗卫生服务。

重视机会均等,防止农村贫困青少年输在"起跑线"上。教育是实现社会公平的基础。由于无法获取充分的教育资源,许多贫困青少年输在"起跑线"上。中央政府应继续加大公共财政资金投入教育领域的比重,同时保障投向小学和初中阶段的教育资金占全部教育资金的45%以上。建立和健全经费管理、使用和监督机制,让有限的财政资金无歧视地覆盖城乡每一个适龄贫困儿童。优化中央与地方政府在义务教育中的分工,确保贫困地区的基层政府拥有充足的资源。尤其需要关注减轻贫困家庭在高中教育上的负担。将贫困地区义务教育阶段学生食宿减免扩大到高中阶段,对贫困家庭学生发放有条件的现金补贴,调动他们学习的积极性。提供多种实习机会,鼓励其通过劳动增强能力,防止贫困代际转移。

改革完善社会保障制度,解除农村贫困人群的后顾之忧。以最低生活保障和养老保障为重点,改革完善社会保障制度,解除贫困人群的后顾之忧。一是应根据各地经济发展水平的不同设定最低保障标准,逐步扩大最低生活保障覆盖面。合理确定各级政府筹资责任,借助上级政府向基层政府的转移支付,减少区域间横向的不平等。不断改进瞄准机制,通过规范化、透明化建设提高保障资金的使用效率和安全性。二是提高农村养老保险水平,同时对农村老年人、单亲贫困母亲、残疾人、复员转业军人、移民等特殊贫困群体给予社会救助和保障,确保人人享有较高水准的社会保障。

总之,"十三五"时期,覆盖城乡居民的基本公共服务体系逐步完善,推进基本公共服务一体化取得明显进展,城乡基本公共服务差距明显缩小,为全面建成小康社会提供有力保障。

2. 第二步：初步实现城乡基本公共服务一体化（2021—2030年）

2020年，中国将实现全面建成小康社会的宏伟发展目标。2021—2030年期间的十年，是中国实现现代化的关键十年。在这一阶段，我们认为，应初步实现城乡基本公共服务一体化，即无论城乡、地区、男女都能均等地、无差别地获取政府作为公共产品提供的基本而有保障的公共服务。这一阶段是城乡基本公共服务一体化的定型、发展阶段。

（1）进一步完善城乡基本公共服务一体化的制度机制。

从某种意义上说，中国改革开放的历史就是一部经济制度的创新史，因此，做好城乡基本公共服务一体化这篇大文章，同样需要进行制度创新与改进。在"十三五"取得成就的基础上，继续努力，基本建成符合国情、比较完整、覆盖城乡、管理有效的基本公共服务体系，实现城乡基本公共服务制度的统一、标准的一致和水平的相对均衡，使发展的成果惠及全体人民。全面整合城乡一体化的基础教育、医疗卫生、社会保障等制度，到2030年实现无差别、全覆盖。

（2）完善城乡基本公共服务一体化的法律法规。

从历史上看，基本公共服务投入不足、结构失衡及效益不高不仅与社会经济发展水平相关，也与缺乏可靠的法律法规体系、财政投入及其管理体制不健全直接相关。因此，必须建立促进城乡基本公共服务一体化的政策法规体系，形成统一的政策平台而互动发展。从理论上讲，法律法规是一种应由政府提供的"公共产品"，也是一种政府应为民众提供的"公共服务"。目前针对基本公共服务，政府已经出台了一系列法律法规政策。但与城乡一体化发展的要求相比，差距较大。2021—2030年，城乡基本公共服务一体化的立法工作全面完成。尤其是将公共财政支持城乡基本公共服务一体化上升到法律规范层次，落实不同层级政府合理分担基本公共服务责任的机制。

（3）推进城乡基本公共服务一体化的相关配套改革与制度建设，建成基本公共服务的多元参与机制。

应该意识到，民生投入绝不是政府全部大包大揽，拓宽投入渠道也很重要。在政府主导的前提下，充分发挥市场机制作用，推动基本公共服务提供主体和提供方式多元化，到 2030 年，政府主导、多方参与的基本公共服务供给模式基本建成。鼓励和引导社会资本参与基本公共服务设施建设和运营管理。公平开放基本公共服务准入，鼓励和引导社会资本举办医疗机构和参与公立医院改制。充分发挥公共投入引导和调控作用，积极采取财政直接补贴需求方的方式，增加公民享受服务的选择权和灵活性，促进基本公共服务机构公平竞争。可将适合市场化方式提供的公共服务事项，交由具备条件、信誉良好的社会组织、机构和企业等承担。政府按照公开、公平、公正原则，引入竞争机制，通过合同、委托、承包、采购等方式购买，使群众享受到丰富、优质、高效的基本公共服务。

（4）建立健全城乡基本公共服务评估与监测体系，强化对政府官员提供基本公共服务的激励。

建立以结果为导向的、具有正向激励作用的绩效评估体系。改变对地方政府官员单一评价模式，把城乡基本公共服务一体化工作纳入政府目标管理考核体系，及时对政府扶贫的结果进行监控和考核，并根据考核评价结果进行奖优惩劣。通过建立有效的问责制度，强化社会各界包括群众和舆论的监督作用，将政府官员消除贫困绩效与干部选拔任用相联系，激励政府为贫困人群提供更好的公共产品和公共服务。强化社会公众对基本公共服务供给决策及运营的知情权、参与权和监督权，健全基本公共服务需求表达机制和反馈机制，增加决策透明度。

（5）从根本上消除影响农民获得基本公共服务的结构性障碍，实现城乡不同社会群体之间基本公共服务制度的统一、基础设施的共享。

在"十三五"工作的基础上，消除结构性障碍，真正实现城乡基本公共服务一体化发展。包括全面推进农村义务教育改革，落实农村最低生活保障，提高农村医疗卫生服务水平等。同时，应解决好城市农民工的基本公共服务问题。预计 2021—2030 年，城镇人口已远超农村人口，在实现城乡基本公共服务一体化的同时不应忽视或遗忘农民工群体。将农民工全部纳入城镇居民公共服务保障体系，逐步实现城乡基本公共服务制度的衔接及统一。

3. 第三步：全面提升城乡基本公共服务一体化水平（2031—2049 年）

进入 2030 年代后，中国已经迈上了全面实现工业化、信息化、农业现代化、新型城镇化的发展道路。GDP 总量已经超过美国，远超日本、德国，顺利跨越"中等收入陷阱"，人均 GDP 达到上等国家门槛，中产阶层成为社会的主体结构，国家治理水平和能力显著提升。这一阶段是在稳定前一阶段城乡基本公共服务一体化制度的同时，不断提升一体化水平，真正建立起中国特色的城乡基本公共服务一体化体系。此处仅进行前瞻性描述。

在这一时期，城乡基本公共服务一体化制度完全定型、稳定发展，跨入真正的公平、普惠发展阶段。有中国特色的城乡基本公共服务一体化法律体系全面形成，城乡基本公共服务一体化各项制度上升到法律规范的层次。市场活力充分释放，政府主导下多方参与基本公共服务供给的格局已经形成，基本公共服务一体化制度运行效率显著提升。与基本公共服务一体化相关的社会公共服务发展到较高水平，个人的基本公共服务需求能够得到充分满足，人人都能享有较高水平的基本公共服务，农村居民的自由、尊严与平等和城市居民一样得到有效维护。衡量公共服务水平的相关指标达到或接近发达国家的水平。到 2049 年，中华人民共和国成立 100 周年时，中国特色的城乡基本公共服务一体化体系全面建成。

七、大力发展现代农村经济

（一）当前我国农村经济发展中存在的主要问题

1. 农产品供需压力大

由于城镇人口的快速增长，我国农产品供给由 20 世纪 90 年代的"总量平衡、丰年有余"向当前的"供需紧平衡，结构性短缺"转变。2014 年，我国谷物共进口 1951 万吨，同比增长 33.8%，粮食进口压力不断加大。棉花、大豆等棉油产品进口依存度不断升高，2012 年大豆净进口 5806.4 万吨，棉花净进口 539 万吨，食糖净进口 370 万吨，食用油籽净进口 6127.4 万吨。大豆进口依存度已达 80%，棉花进口依存度 30% 以上。大宗农产品供给保障任务十分艰巨。

2. 农民收入仍然偏低且不稳定

尽管近年来我国农民收入快速增长，但是收入来源仍以家庭经营为主，转移性收入和财产性收入比重较小。2013年，家庭经营收入占农民纯收入比重达42.6%，工资性收入占45.3%，转移性收入和财产性收入等稳定收入之和仅为12.1%，而且随着农业生产资料成本和人工成本的不断攀升，农业比较效益持续下降，农民增收仍然不稳定。

3. 农业经营方式仍然落后

我国人多地少，决定了农业是以小规模家庭农场为主体的农业。2014年年底，我国农村家庭人均经营耕地面积为0.156公顷，按每户人数3.88人算，每户平均耕地规模仅0.605公顷，仅为世界平均水平的40%。根据资料统计，美国家庭农场（农户）平均规模为169公顷，欧盟30~40公顷，日本1.84公顷，韩国大约1公顷[①]。

4. 农业劳动力转移任务仍然艰巨

2013年，我国农业增加值占GDP的9.4%，而第一产业从业人员占到全社会从业人员总数的31.4%，相差22个百分点。就业结构转换明显滞后于产业结构转换，说明农村还存在大量剩余劳动力尚未转移，农业产业结构调整进程仍需加快。

5. 城乡居民收入差距仍然较大

2014年，我国农村居民人均收入为10489元，在农民增收上实现了"十一连快"（2004—2014年），增长速度连续5年增长超过城镇居民收入，但是城乡居民收入差距比仍接近3:1。从消费上看，城乡居民人均生活消费支出比为2.4:1，农村居民恩格尔系数比城镇居民高出约4个百分点。农村仍有相当一部分人生活在贫困线下。

---

① 冯献、崔凯：《日韩农地规模经营的发展及其对中国的启示》，《亚太经济》2012年第6期，第78—80页。

（二）发展现代农村经济的基本思路

现代农村经济发展需要良好的外部环境和必要的内部条件，既离不开新型城乡关系的大环境和新型工业化、城镇化和信息化的大方向，又离不开合格的经营主体、现代农业经营方式、适当的制度安排，以及必备的各类生产要素和较高的资源配置效率，是外部环境和内部条件综合作用的结果。

1. 以构建新型城乡关系为前提条件

中华人民共和国成立后逐渐形成的城乡二元结构严重制约了农村经济发展。改革开放以来，我国城乡关系开始由二元向一元、由隔离向融合、由城市倾向城乡统筹演变，成为激发和释放农村发展活力和动力的最重要因素。党的十八大以来，明确提出了建立"以工促农、以城带乡、工农互惠、城乡一体"的新型工农城乡关系的目标。十八届三中全会进一步对健全城乡发展一体化体制机制做出具体部署，并提出了加快构建新型农业经营体系、赋予农民更多财产权利、推进城乡要素平等交换和公共资源均衡配置、完善城镇化健康发展体制机制四个方面的改革任务，指出了重构新型工农、城乡关系的目标，对推进城乡一体化具有重大而深远的意义。

2. 以工业化、信息化、新型城镇化、农业现代化"四化同步"为基本方向

继党的十七届五中全会提出了"三化同步"的发展理念以后，党的十八大将"三化同步"发展为工业化、信息化、新型城镇化、农业现代化的"四化同步"。"四化同步"就是要坚持用新型工业化的理念推进农业产业化，用新型城镇化的理念推进城乡一体化，用现代信息化的理念推进农业技术创新，用农业现代化的理念推进农业农村改革。这是发展我国现代农村经济的基本方向。

3. 以统筹城乡发展为基本路径

发展现代农村经济离不开工业化、城市化的支撑。党的十六大以来形成的"统筹城乡经济社会发展"的思路，经各地实践证明是推进城乡走向一体化发展的有益之举和必由之路，是解决"三农"问题的根本途径。在当前我国城乡二元结构的坚冰尚未完成打破的情况下，统筹城乡发展仍然将是发展农村经济的主要着眼点。

4. 以新农村建设为主要载体

新农村建设的根本目的是发展农村生产力，提高农民物质文化生活水平，发展农村物质文明和精神文明，推动农村民主政治建设，最终实现缩小城乡差距、全面建成小康社会。发展现代农村经济要以新农村建设为载体，聚合内部因素，发挥整体效应。

（三）加快我国现代农村经济发展的分阶段目标与主要措施

针对我国现代农村经济发展的现状和主要问题，借鉴国外农村经济发展的规律和经验，结合我国国民经济发展的目标和趋势，根据我国现代农村经济加快发展的要求和基本思路，近期（2016—2020年）主要是以城镇化和城乡统筹为核心的城乡二元体制改革，中期（2021—2030年）主要是以新农村建设为核心的农村内部改革，远期（2031—2049年）主要是以城乡一体化为核心的全面深化改革。

1. 近期（2016—2020年）目标与主要措施

城乡二元体制是制约农村经济发展最重要的外部环境，发展现代农村经济必须首先改革城乡二元体制。所以，近期（2016—2020年或"十三五"时期）要坚持以城乡统筹为核心的城乡二元体制改革，即通过以城乡统筹为核心的城乡二元体制改革，逐步形成"以工促农、以城带乡"的新型城乡关系和"工农互惠、城乡一体"的城乡协调发展机制。"十三五"时期，改革城乡二元体制要以创新农业转移人口市民化机制、构建城乡统一的要素市场、完善城乡行政管理体制、完善"以工促农、以城带乡"长效机制为重点。

（1）创新农业转移人口市民化机制。

构建农业转移人口市民化制度体系。基本思路是：一元化方向、渐进式改革、分类型实施、整体性推进，即在不损害城镇居民既得利益和现代化进程的前提下，根据实际情况，通过对城乡二元制度的改革，分阶段、有区别地逐步扭转和取消城乡分割、城市倾向的制度安排，最终形成有利于城乡良性互动、和谐发展的城乡一体化的制度体系，为农业转移人口市民化提供必要的制度保障。随着户籍制度的逐步放开，一些地方允许农业转移人口取得城镇户口与享受市民待遇脱钩以来，阻碍农业转移人口市民化的因素已经从形式化的户籍制度（即显性户籍墙）转化为对农业转移人口的预期和收入等权利和待遇具有实质性影响的制度安排（即隐性户籍墙），如就业制度、社会保障制度等。因此，未来城乡二元制度的创新重点不能再继续停留在形式化的户籍制度层面，而应该尽快切换到对农业转移人口的预期和收入等权利和待遇具有实质性影响的就业制度、社会保障制度、土地制度上来。如逐步形成城乡统一的劳动力市场，消除就业歧视，加强就业服务，加强劳动保护，逐步提高农业转移人口的工资标准和福利待遇；改革和完善土地产权制度、流转制度和征地制度，在解除土地对农业转移人口市民化束缚的同时，提高农业转移人口合法的土地承包、土地流转和土地补偿收益，这也在一定程度上有利于提高农业转移人口的市民化能力；尽快建立适合农业转移人口的社会保障体系，并逐步缩小与城镇社会保障水平的差距，提高农业转移人口的参保意愿和参保率，为农业转移人口市民化消除后顾之忧；户籍制度的创新主要是实行居住证制度，逐步将就业、社会保障等福利性制度从户籍制度中剥离出来，尽快确立国民待遇原则。

构建农业转移人口市民化的成本分摊机制。农业转移人口市民化会产生成本并具有动态累积的特征，总成本十分惊人，大体上在人均10万元左右[1]。2014年，我国农业转移人口约为2.74亿人，以每人10万元计算，市民化的总成本将达27.4万亿元，占当年国内生产总值的43.1%，是全国财政收入的2倍。面对成本的严峻挑战，有序推进农业转移人口市民化亟须建立一个合理的成本分摊机制。要通过"内部化"措施，在"成本最小化"的过程中明确分摊主体、落实分摊责任并承担分摊成本[2]。构建农业转移人口市民化的成本分摊机制，要分两个阶段平行推进就业、社会保障、公共服务、土地等制度创新，分两个层次"循序渐进"地完善社会保障、公共服务等制度创新，加快完善顶层设计。第一阶段，着眼于培育农业转移人口的"城市经济适应能力"、矫正相关利益主体行为，实现市民化成本的"内部化"与"最小化"。

---

[1] 张国胜：《社会成本、分摊机制与我国农民工市民化：基于政治经济学的分析框架》，《经济学家》2013年第1期。

[2] 张国胜、黄锟：《加快构建农业转移人口市民化的成本分摊机制》（研究报告）。

其一，创新劳动就业制度，构建农业转移人口的工资合理增长机制，促进农业转移人口在城镇的稳定就业与工资合理增长。其二，以基本社会保障全覆盖为重点，推进第一层次的社会保障制度创新，加快构建"广覆盖、低费率、可转移"的工伤保险、医疗保险、养老保险等基本的社会保障体系，并逐步与城市社会保障体系对接。其三，以基本公共服务的全覆盖为重点，推进第一层次的公共服务制度创新，实现农业转移人口平等享受城镇的公共医疗、公共文化、公共交通、就业服务等基本公共服务。其四，推进农村土地制度创新。通过完善农业转移人口的农地承包、土地流转、集体累积权益享受并创新农地转让、折价入股或带股进城政策等措施，全面提升农业转移人口的"城市经济适应能力"。第二阶段，着眼于农业转移人口在基本公共服务方面的"历史欠账"，启动公共财政补贴，分摊不可内部化的市民化成本。其一，以提升农业转移人口的社会保障水平为重点，推进第二层次的社会保障制度创新，提升农业转移人口的社会保障水平的政策，实现农业转移人口的社会保障水平全面向现代社会保障转换。其二，以解决基本公共服务的"历史欠账"并提升服务质量为重点，推进第二层次的公共服务制度创新，全面提升农业转移人口的基本公共服务质量。

（2）深化农村土地制度改革。

农村土地制度是"三农"问题的核心，也是释放制度红利的最大可能之处，牵一发而动全身，是发展现代农村经济的核心所在。必须进一步深化农村土地制度改革。

完善土地承包经营权制度。在确保集体土地产权完整的基础上，适时修改完善有关法律，建立和完善土地承包经营权续期制度，有利于农民形成稳定的预期。放松对土地承包经营权流转的限制，平等开放土地承包经营权流转市场，允许农户自由地跨村组流转土地承包经营权，开放土地承包经营权抵押市场。平等保护农民的土地承包经营权，建立由政府主导而不是由农民集体内部决策主导的新增人口、无地少地农民的土地保障制度。

改革农村集体建设用地使用制度。稳步开放农村集体建设用地流转市场，从有利于保护耕地和维护市场公平秩序的角度来看，必须在土地用途管制和政府的有序管理下推进。建立完善城乡接轨的建设用地使用权制度，城乡一体的建设用地市场监管体系和流转收益分配体系。要全面统筹城乡建设用地使用制度改革，统一整合城乡建设用地市场。

改革征地制度。改变按照农业租金价值确定农地补偿标准的传统补偿思路，对国有土地和集体土地实行同地同价的公正补偿。可探索建立和完善增量集体建设用地流转入市制度，使非公共目的的土地征收逐步从农地统征中退出，建立符合市场经济要求、土地征收和农用地转用审批管理相分离的新型农用地转用制度。

完善土地用途管制制度和耕地保护制度。完善我国的土地利用规划管理制度，要科学划分中央政府和地方政府在土地利用规划管理中的职能权责，改革完善土地利用空间规划体系，制定完善规范土地利用规划的法律法规，逐步探索建立和完善农村建设用地规划许可管理制度。建立和完善以基本农田保护为核心的耕地分级保护体系。

加强城乡地政的统一管理。为了加强对城乡土地市场的统一监管，必须建立包括城市土地和农村土地、建设用地和农用地在内的城乡统一的土地登记管理制度，包括颁布统一的土地登记法，统一土地登记机构和土地登记程序。改革完善城乡统一土地税费体系，包括完善农用地转用环节的税费体系、城乡一体的土地有偿使用收益公平分享机制、逐步统一城乡不动产税制。

（3）进一步深化农村金融改革。

农村金融是建立完善城乡统一的金融市场的主要方面，是破除城乡二元金融结构的切入点和关键。农村金融深化有助于解决农村金融抑制问题，促进农村经济发展，从而促进城乡经济协调发展。农村金融深化的政策措施主要有以下几方面。

第一，我国进入了以工促农、以城带乡发展的新阶段，所以，必须重新配置金融资源向"三农"领域倾斜，包括增加对"三农"的信贷投入、减少农村资金的外流和建立资金回流机制、鼓励引导各种金融组织参与农村金融服务。

第二，构建由政策性金融、商业性金融、合作金融及民间金融构成的新型农村金融服务体系，应具有功能完善、分工合理、产权明晰、监管有力等特点。为此，要完善农业发展银行的新型职能、引导农业银行等商业金融机构开展农村金融服务、深化农村信用社的改革、规范民间金融组织的发展。

第三，农业产业的天然弱质性和农村金融市场的不完全竞争性是政府介入农村金融建设的经济原因，因此，应加强政府在农村金融市场的引导作用，包括制定涉农贷款财政贴息政策、成立涉农贷款担保基金、建立农村信用评估机制和开展农业保险业务等。在金融深化过程中，要注意处理好发展水平与金融发展模式的关系、农村合作金融的地位等问题。中国经济发展不平衡决定了农村金融需求主体对金融商品的需求表现出较强的地域性和层次性特征。在经济欠发达的中西部地区，应选择"供给领先"模式（指金融机构和相关金融服务的供给先于需求，强调的是金融服务的供给方对于经济的促进作用）发展农村金融，在东部经济发达地区，应选择"需求追随"模式（指随着经济的增长，经济主体会产生对金融服务的需求，作为对这种需求的反映，金融体系不断发展）。为满足农户多层次的资金需求可以发展多层次的农村金融组织机构，如 GB 模式（即 Grameen Bank，孟加拉乡村银行模式，是由穆罕穆德·尤诺斯教授创建）等。合作金融组织具有商业银行不可替代的功能——为农民获取金融资源提供制度支持，让农民能够分享经济发展的成果，这为许多国家农村金融发展实践所证实，中国不可能成为例外。

（4）创新农业生产经营体制和经营方式。

要加快构建集约化、专业化、组织化、社会化相结合的新型农业经营体系，大力提升农业产业化经营水平，完善利益联结机制，构建农业现代产业体系，促进农业经营产业化、农业技术集成化、基础设施工程化、农业生产机械化、农业服务社会化和农民现代化。

一是构建充分保障农民利益的新型联结机制。推动利益联结机制由合同制形式向以产权为纽带的方向转变，让农民以股东身份参与产业化经营，形成"利益共享、风险共担"的联结关系，努力提高农户集约经营水平。

二是创新农业经营体制，大规模开展园艺产品生产和畜牧水产养殖标准化创建活动，加快发展无公害农产品、绿色食品和有机农产品，实行规模化种养、标准化生产、品牌化销售和产业化经营，进一步提升农产品质量安全水平，促进园艺产品、畜产品、水产品规模种养，加快发展设施农业和农产品加工业、流通业，促进农业生产经营专业化、标准化、规模化、集约化。

三是加大对新型经营主体的扶持力度。包括对农业经营主体的财政、税收和金融倾斜扶持，优化新型经营主体发展环境，积极引导社会资本参与新型主体发展。

四是完善新型经营主体组织体系。鼓励农业合作组织、龙头企业及家庭农场开展战略协作打造发展联盟，组建大型农业企业集团，实现集群发展；大力发挥农业合作社在土地流转、规模生产、金融扶持等方面的作用，建立以各类农民专业合作社为基础，行业性联合社、示范社等新型合作社为骨干的合作社组织体系。

五是培育新型农民。要利用职业学校、培训项目及各类专业培训，多形式培训农民，使农民外出务工有技能，在家务农懂技术，全面创业会经营，在建设现代农业中成为新型农民。要出台特殊的扶持政策，吸引、鼓励、支持外出农民工回乡创业，回乡投资，推进农民职业化、农民现代化发展。要赋予农民更多财产权利，保障农民集体经济组织成员权利，保障农户宅基地用益物权，慎重稳妥推进农民住房财产权抵押、担保、转让，探索农民增加财产性收入渠道。

2. 中期（2021—2030年）改革目标与主要措施

中期（2021—2030年）的主要目标全面形成城乡统一的制度体系。

（1）构建城乡统一的要素市场。

建立完善城乡统一劳动力市场、金融市场、土地市场等生产要素市场，尤其是城乡统一的金融市场、土地市场，是有效解决经济要素在城乡之间自由流动、推进城乡要素平等交换、提高资源配置效率、促进农村经济发展的关键。

（2）建立城乡统一的劳动力市场。

建立城乡统一的劳动力市场就是要实现劳动力在统一市场中就业条件的平等性、价格竞争的公平性，确保劳动力可以通过双向选择实现就业，不存在任何就业歧视和制度性约束。要消除身份性歧视，政府部门要同时做好城乡劳动力的就业促进工作，在就业服务、职业培训上对城乡劳动力一视同仁；用人单位在劳动力管理上对城乡劳动力不能区别对待，在劳动时间、劳动条件、劳动保护、劳动报酬上城乡劳动力实行统一标准；要加强对农民工劳动权益的保护，加大劳动执法检查力度，最大限度地减少侵犯农民工劳动权益事件的发生。

（3）建立城乡统一的建设用地市场。

一是在符合规划和用途管制前提下，允许农村集体经营性建设用地出让、租赁、入股，实行与国有土地同等入市、同权同价。二是缩小征地范围，规范征地程序，完善对被征地农民合理、规范、多元保障机制。三是扩大国有土地有偿使用范围，减少非公益性用地划拨。四是建立兼顾国家、集体、个人的土地增值收益分配机制，合理提高个人收益。五是完善土地租赁、转让、抵押二级市场。

（4）建立城乡统一的金融市场。

要按照《中共中央关于全面深化改革若干重大问题的决定》的要求，"保障金融机构农村存款主要用于农业农村。健全农业支持保护体系，改革农业补贴制度，完善粮食主产区利益补偿机制。完善农业保险制度。鼓励社会资本投向农村建设，允许企业和社会组织在农村兴办各类事业。"为此，一要发展竞争性政策性银行，增强政策性农业银行活力。二是普惠性金融与商业性金融分开。中央政府在扶贫资金中建立专项基金，与地方政府合作发展小额信贷等普惠性、公共性农村金融。一般商业银行在农村领域的活动完全放开，扩大利率浮动范围，并允许其不介入普惠性、公共性金融活动。

（5）完善"以工促农、以城带乡"长效机制。

一是政府政策投入机制，即通过各级政府政策来调配政府掌握的各种资源以促进农业、农村的发展。政府资源包括财政资源、技术资源、信息资源和能力资源等。政府在"以工促农、以城带乡"中的作用主要通过减免税收、加大财政转移支付力度、完善体制和提供政策条件等途径来实现，具体的方式则多种多样，如收入补贴、农村基础设施建设、农业科技研发与推广、农村基础教育普及、农民职业技术培训、农村社会保障体系建设和农村剩余劳动力转移等。由于各级政府的政策投入，取决于农村发展在政府官员政绩考核中的权重。在中央政府已经明确了"以工促农、以城带乡"的背景下，要促进各级地方政府配套政策得以落实，就必须转变政府官员的发展观和政绩观，增加农业、农村发展在其政绩考核和晋升中的分量，以纠正政府资源向工业和城市的过分倾斜，确保农业和农村地区发展得到足够的政府资源的投入。

二是市场反哺机制，即指工商企业通过投资行为将资金、技术、人才、信息等生产要素引入到农业和农村。一般说来，工业和城市是现代生产要素密集的领域和地区，而农业和农村是现代生产要素相对稀缺的领域和地区。在完善的市场经济体制中，各种生产要素在价值规律这只无形的手的指挥下能够自发地从密集的领域和地区流向稀缺的领域和地区，从而实现资源的有效配置。尽管由于农业的外部性、公共品属性，以及农业的双重风险，导致农业领域存在市场失灵现象，但在市场经济国家，市场调节依然是促进资源向农村流动的重要力量。因此，加快完善市场经济体制，尤其是农村地区的市场经济体制改革，成为实施工业反哺农业政策的重要的基础性任务。为此，要培育农村各类要素市场、依法保护农民财产所有权和经营自主权、探索农村土地使用权流转的有效方式、完善农业社会化公共服务体系、大力扶持发展农业龙头企业、改善农村投资环境、提高农村劳动力素质、加快培养新型农民等，吸引工商业资本对农业领域的投资。

三是社会参与机制，主要是指鼓励、支持、引导各种社会组织关注和支持农业、农村发展。就目前我国非政府组织的发展情况来看，要引导社会组织积极参与工业反哺农业，要给予社会组织在法律允许的范围内自主活动以完成组织目标的自由，不应当干预其正当的具体事务，避免挫伤社会组织参与反哺活动的积极性。要给予适当的引导和支持，通过经费支持、舆论宣传、表彰鼓励等途径，激发他们参与新农村建设的积极性。可以在条件成熟的社会组织中及时建立共产党的基层组织，从而引导社会组织更加自觉地参与贯彻落实党的农村政策。

3. 远期（2031—2049年）改革目标与主要措施

远期（2031—2049年）的目标是全面实现城乡一体化，形成城乡互动、公平公正、良性循环、共同发展的一体化体制，实现城乡资源共享、人力互助、产业互补，逐步实现城乡工业一体化、市场一体化，以工业化带动城镇化，最终实现城乡一体化。

（1）城乡空间一体化发展。

城乡空间一体化主要表现为以提高城乡经济社会组织化程度为核心，强化城乡空间联系，优化城乡空间结构，努力形成城市现代化、农村城镇化相互融合、协调发展的城乡空间形态。实现城乡空间一体化，必须研究点和线如何布局，如何紧密相连，即如何解决城镇体系与交通体系的空间构建问题。形成科学合理的大中小城市与小城镇的配置，形成通畅便捷的城乡交通网络连接，不仅有利于促进城镇繁荣，而且能从根本上促进农村发展，达到城乡优势互补、协调共进的预期目的，因此，调整和优化城乡空间布局，对实现城乡空间一体化至关重要。

（2）城乡人口一体化发展。

城乡人口一体化是指城乡人口自由迁徙，相互对流，城市人口社区化（扩散化）和农村人口城镇化，城乡人口享有同等权利、同等待遇。这意味着城乡居民流动和居住不受户籍限制，取消各种对农民的歧视性政策，城乡居民共享工业化、城镇化、农业现代化的文明成果，这是实现城乡一体化中不可缺少的重要内容。

（3）城乡经济一体化发展。

城乡经济一体化是指发展城乡经济应遵循客观经济规律的要求，进行统筹规划，合理布局，实现相互融合，协调发展。经济一体化是城乡一体化的基础和前提，决定着城乡一体化的发展进程和实现程度。要消除城乡市场分割的局面，让城乡市场紧密相连，融为一体，确保各种商品和服务、资源可以在城乡之间得到顺畅流动，满足城乡居民生产和生活的需要。

（4）城乡社会一体化发展机制。

城乡社会一体化就是要求城乡社会事业协调发展，确保城乡居民在居住、就业、教育、医疗和文化卫生等方面享受同样待遇，最大限度地缩小城乡差别，使高度发展的物质文明与精神文明达到城乡共享。推进城乡社会一体化，关键是在城市社会事业不断发展、居民文明程度不断提高的同时，必须着力加快农村社会事业的发展。

（5）城乡生态环境一体化。

生态环境一体化就是要将城市与农村生态环境统一纳入一个大系统中考虑，全面治理，彻底改变城乡生态现状，努力形成城乡生态环境高度融合互补、经济社会与生态协调发展的城乡生态格局，让城市与农村、人类与自然生态和谐相处。对于我们这样一个发展中国家来说，要净化城乡环境，实现城乡生态一体化，必须破除把经济与生态环境对峙起来的旧观念，破除把城市与乡村对立起来的旧格局，这需要城乡形成共识，双向努力，强化城乡生态功能，以保全生态系统为重心，统一规划，统一标准，统一对环境保护的实现机制，健全城市、乡镇、农村生态环境协调体系，加速推进城乡有机融合的生态系统建设。

主要参考文献

[1] 霍利斯·钱纳里，等.发展的型式：1950—1970［M］.北京：经济科学出版社，1988.

[2] 布莱恩·贝里.比较城市化——20世纪的不同道路［M］.顾朝林，等译.北京：商务印书馆，2008.

[3] 诺克斯.城市化［M］.顾朝林，等译.北京：科学出版社，2009.

[4] 顾朝林.中国城镇体系：历史·现状·展望［M］.北京：商务印书馆，1992.

[5] 陆学艺."三农论"——当代中国农业、农村、农民研究［M］.北京：社会科学文献出版社，2003.

[6] 蔡昉.中国的二元经济与劳动力转移［M］.北京：中国人民大学出版社，1990.

[7] 周叔莲，金培.国外城乡经济关系理论比较研究[M].北京：经济管理出版社，1993：178-195.

[8] 厉以宁.论城乡一体化［J］.中国流通经济，2010（11）.

[9] 吴根平.我国城乡一体化发展中基本公共服务均等化的困境与出路［J］.农业现代化研究，2014（4）.

[10] 沈雪潋，郭跃.新型城镇化背景下的我国"镇级市"改革研究［J］.2013（8）.

[11] 张沛，张中华，孙海军.城乡一体化研究的国际进展及典型国家发展经验［J］.国际城市规划，2014（1）.

[12] 岳经纶.中国社会政策60年［J］.湖湘论坛，2009（4）.

[13] 张永岳.我国城乡一体化面临的问题与发展思路[J].华东师范大学学报（哲学社会科学版，2011（1）.

[14] 陆学艺.破除城乡二元结构实现城乡经济社会一体[J].社会科学研究，2009（4）.

[15] 洪银兴.城乡差距和缩小城乡差距的优先次序[J].经济理论与经济管理.2008（2）.

[16] 党国英.推进城乡要素平等交换[J].前线，2013（12）.

[17] 张强.中国城乡一体化发展的研究与探索.中国农村经济，2013（1）.

[18] 麦婉华.广东城镇化建设有新突破：大镇强镇将升格为"镇级市"[J].小康，2014（10）.

[19] 孙鸿志.美国农业现代化进程与政策分析及启示[J].世界农业，2007（12）.

[20] 倪建伟，何冬妮.挪威城乡一体化核心制度安排及对中国的启示[J].经济社会体制比较（双月刊），2010（6）.

[21] 徐勃.珠三角城乡一体化的路径研究[J].特区经济，2012（8）.

[22] 何子英.走向城乡一体化的社会政策体系建设——以"十一五"时期的浙江经验为研究对象[J].经济社会体制比较，2012（4）.

[23] 杜芳，乐波.罗斯福新政与美国农业现代化及其启示[J].江西社会科学，2008（11）.

[24] 孙海军，张沛，2000年以来国内城乡一体化理论与实践研究综述[J].区域经济评论，2013（3）.

[25] 张占斌，苏珊.罗尔：中国新型城镇化背景下的省直管县体制改革[J].经济社会体制比较，2012（6）.

[26] 冯俏彬.创新跨区域行政体制 促进区域协同发展[J].改革内参，2014（42）.

[27] 张占斌.省直管县改革新推进[J].中国行政管理，2013（3）.

[28] 陈喜生.对目前省直管县体制的五点思考[N].人民网，2009.

[29] 王开泳.行政区划视野下我国城市化发展的现状、问题与对策[J].工程研究——跨学科视野中的工程，2011（3）.

专题报告1

我国农村转移人口市民化的财政支出测算与时空分布研究

2012年,我国GDP总值达到51.93万亿元,居世界第二;与此同时,我国名义城镇化率已达到52.57%,接近中等发展国家水平。但是,在工业化、城镇化的光鲜外表下,是近1.6亿进城务工的农村人口虽然身在城市却不能与城镇居民一样同等享有基本公共服务的严酷现实。当前,随着我国经济结构的转型升级序幕的拉开,以及国际市场的风云变幻,内需正在替代外需成为未来一个时期内我国经济增长的基本驱动力,以提高城镇化率为主旨的新一轮大潮正在到来。

学界公认,城镇化的核心在于农民的市民化,表现为两个对应的反向运动过程:农村人口的减少和城市居民人数的增加。理论上讲,这两个过程是同步的。但是,在我国的特殊背景下,这一过程则主要表现为农村人口的减少和城市农村转移人口的增加,后者向城市居民的转化则迟迟未能完成。农村转移人口市民化的问题由此而生。

农村转移人口市民化问题的实质是政府提供的基本公共服务在城市居民和农村转移人口之间的均等问题,主要制约因素之一是资金问题。那么,为将农村转移人口市民化,各级财政到底将会新增多少支出?能不能承受?如何分担?本报告拟对此进行讨论。

一、已有的研究述评

2012年以前，农村转移人口市民化的相关财政支出问题主要以"农民工市民化成本"为题进行研究。张国胜（2008）认为包括生活成本、教育成本、社会保障成本、住房成本和基础设施成本五个方面，他测算出的结果是，东部沿海地区第一代农民工、第二代农民工市民化的社会成本分别为10万元、9万元，西部内陆地区第一代、第二代农民工市民化成本分别为6万元与5万元。国务院发展研究中心（2010）认为农民工市民化成本主要应包括义务教育、居民合作医疗、基本养老保险、民政其他社会保障费用、城市管理费用、住房等，测算结果为一个农民工市民化的成本为8万元左右。实践层面，重庆于2010年推出的户改方案中涉及的成本有农民退出农村的承包地、宅基地所需要支付的费用，以及农民进入城市所产生的就业、养老、住房、医疗、教育方面的支出，测算结果是每转一名农民成为新市民的成本为6.7万元。此外，对于如何分担农民工市民化方案，比较一致的看法是，政府应当是农民工市民化成本的主要负担者，但同时需要借助市场、个人等各方面的力量。

以上研究极具价值。但是，还有三个方面可进一步讨论。一是缺乏一个清晰的理论框架。二是庞大的财政支出如何在不同主体之间分担、如何在一个时间段内逐渐消化？三是相应的政府如何设计？本报告拟在这几个方面进行努力。

二、理论框架

（一）农村转移人口市民化财政支出的定义

本报告认为，农村转移人口市民化财政支出主要是指在农村转移人口实质性地融入城市过程中，政府必须负担且新增加的那部分支出，具体包括四个方面：随迁子女的教育支出、社会保障支出、保障性住房支出和就业服务支出，不包含企业负担部分，不包括个人负担部分。

（二）农村转移人口市民化是一束权益—伦理型公共产品的集合

所谓权益—伦理型公共产品，简言之，是指那些随着公民权利的觉醒，以及政府基于政治伦理方面的考量，必须向公民提供的、即使是从物理属性角度看属于私人产品的那些产品（冯俏彬、贾康，2010）。本报告所讨论的农村转移人口市民化过程中所涉及的主要公共服务项目——社会保障、就业、住房、随迁子女教育等正是这样的产品，且是一束权益—伦理型公共产品的集合。

根据公共经济学的相关理论，农村转移人口随迁子女的义务教育属于中央政府的事权范围，主要由中央政府承担财政责任。农村转移人口的社会保障方面，社会保险中的财政补助部分属于中央政府的责任范围，社会救助则主要是地方政府的职责。农村转移人口的就业支持如职业介绍与技能培训等，属于地方政府的责任范围。住房方面，政府的主要责任对象是那些无力、无法解决自己住房问题的人员，属于地方政府的事权范围。

三、农村转移人口市民化财政支出的测算

基于本报告对农村转移人口市民化财政支出的定义，我们想搞清楚这样一个问题：假定将现有已居住在城市的农村转移人口纳入四项基本公共服务体系[①]，各级财政将为此新增多少的支出？换句话说，如果将"最急需那部分人"纳入"最基本的城市公共服务体系"，财政到底要新增多少支出？

以下计算的主要假定是：

第一，一次性将现在已在城市居住的农村转移人口全部市民化，以此可求得财政支出的时点数据。

第二，用外出务工农村转移人口人数代表已在城市居住的农村转移人口数量。

---

① 此计算仅考虑农村转移人口市民化所需要增加的政府公共服务方面的支出。为简化起见，此处不考虑地方政府收储农村转移人口宅基地、承包地所需的开支，也不考虑地方政府为增加当地就业而招商引资所发生的各类财政费用。

第三，所有计算以 2011 年价格为不变价格、2011 年的财政支出水平为基线。个别数据因统计原因找不到 2011 年数据的，用 2010 年的数据代替。所有数据均来自相关部委的当年统计公报。

计算模型：

$$TC=\sum_{i=1}^{6}C_i=(c_1n_1+b)+c_2n_2+c_3n_3+c_4n_4+c_5n_5+c_6n_6$$

其中，TC 为总支出，C_1 为随迁子女财政教育支出，C_2 为养老保险财政补助支出，C_3 为医疗保险财政补助负担，C_4 为最低生活保障的财政支出，C_5 为保障房的财政支出，C_6 为就业财政支出，对应的 n 为相应的人数。

（一）随迁子女的财政教育支出

资料显示，2011 年，全国外出农村转移人口总数为 15863 万人，随迁子女约为 1400 万人。2010 年，经简单算术平均后全国义务教育生均公共财政预算教育事业费为 4613.21 元，生均公共财政预算教育公用经费 1172.11 元，合计 5785.32 元[1]，如果一次性将其纳入现有城镇义务教育体系，将新增财政开支为 809.94 亿元；另外，如果全部通过新建学校的方式解决，按教育部关于城镇九年制义务教育学校的建设标准——2100 生／校、16190 平方米的校舍面积——理论上需要新增学校 6666.67 所，按 2010 年全国竣工房屋平均 2228 元／平方米的造价，累计投资为 2404.76 亿元。两者合计为 3214.70 亿元。

即：$C_1=c_1n_1+b=809.94+2404.76=3214.70$（亿元）。

随迁子女的财政教育支出如表 1 所示。

---

[1] 义务教育包含小学和初中，生均经费包括生均事业费和生均公用经费，经通过简单算术平均得到。因为同一名随迁子女，要么是上小学，要么上初中，不可能同时就读于两个学段。

表1 随迁子女的财政教育支出

农村转移人口随迁子女人数/万人	1400
全国义务教育生均经费/元	5785.32
小计/亿元	809.94
新增学校/所	6666.67
校舍面积/平方米	16190
全国竣工房屋平均造价/(元/平方米)	2228
小计/亿元	2404.76
合计	3214.70

资料来源：2011年度人力资源和社会保障事业发展统计公报，人社部网站；教育部、国家统计局、财政部关于2011年全国教育经费执行情况统计公告，教育部网站，2002年教育部、发改委、建设部《城市普通中小学校校舍建设标准》《中国统计年鉴》2011。

（二）养老保险的财政补助支出

目前，各级财政主要向城镇居民养老保险体系进行补助，2011年为2272亿元，按当年参保数28391万人计算，人均补助金额为800.25元。假定农村转移人口市民化后一次性全部进入城镇养老保险体系，按现有制度，稳定就业的农村转移人口将参加城镇基本养老保险，无稳定收入来源且低于一定标准的将参加城镇居民养老保险。据此计算如下。

1. 城镇基本养老保险

2011年，全国外出农村转移人口总数为15863万人，已参保的农村转移人口总数为4140万人，需补助的农村转移人口总数为11723万人。假定一次性市民化所有农村转移人口，则按现在补助标准，每年财政将新增加养老保险补助938.13亿元。即：$C_2 = c_2 n_2 = 800.25 \times 11723 = 938.13$（亿元）。

城镇基本养老保险的财政补助支出如表2所示。

表2 城镇基本养老保险的财政补助支出

需补助的农村转移人口总数／万人	人均补助标准／元	总计／亿元
11723	800.25	938.13亿元

数据来源：2011年度人力资源和社会保障事业发展统计公报，人社部网站。

2. 城镇居民养老保险

2011年年末，全国已有27个省、自治区的1902个县（市、区、旗）和4个直辖市部分区县及新疆生产建设兵团开展国家城镇居民社会养老保险试点，但总人数仅为539万人，未成气候。由于农村转移人口不可能同时参加两种养老保险，且居民养老保险的水平低于基本养老保险，因此即使考虑了居民养老保险的因素后，对上面计算出的财政补助养老保险的总金额只可能往下大幅减少，不可能往上增加。

（三）医疗保险财政补助支出

目前，医疗保险主要是由企业和个人共同缴费，财政仅对新型农村合作医疗和城镇居民医疗保险进行补贴。其中，新农合的财政补助标准为240元／人／年[①]；城镇居民医疗保险则主要由各地操作，无统一补助标准。

2011年，全国外出农村转移人口总数为15863万人，已有4641万农村转移人口参加了城镇职工医疗保险。假定农村转移人口市民化后，其余未进入职工医保体系的农村转移人口全部进入城镇居民医疗保险体系，共计11222万人。按新农合每人每年240元的补贴计算，共计269.33亿元。但必须同时指出，由于我国农村新型医疗保险的参合率已达97.5%（2011年），换句话说，几乎所有的农村人口（包括外出但未参加本地城镇医保的农村转移人口）都已参加了新农合且得到了各级财政累计240元／年的补助。如果市民化，则意味着这部分财政补助不过是由农村转移到城市而已，总量上并不显著增加，即使有新增部分，也仅为各地高出240元以上的部分。即：$C_3=0$。

---

① 卫计委表示，2013年对新农合的补助标准将提高到每人每年280元。

(四)最低生活保障财政支出

除了对社会保险的补助支出,农村转移人口市民化后最可能增加的是各类社会救助性支出,特别是最低生活保障支出。2011 年年底,全国共有城市低保对象 2276.8 万人,占同期城镇居民总数的 3.39%;同期全国平均低保补差标准为 240.3 元/月/人,折合为 2883.60 元/年。据此,我们计算得出,农村转移人口市民化后财政将每年新增低保支出 155.07 亿元。即:$C_4=c_4n_4=15863×3.39\%×2883.6=155.07$(亿元)。

最低生活保障的财政支出如表 3 所示。

表3 最低生活保障的财政支出

农村转移人口总数/万人	低保比例/%	可能进入低保的农村转移人口总数/万人	全国平均低保补差标准/(元/年)	总计/亿元
15863	3.39	537.76	2883.60	155.07

数据来源:2011 年社会服务发展统计报告,人社部网站。

(五)保障性住房财政支出

农村转移人口市民化后,最急切的需要将出现在住房领域,其中又特别是廉租房。按住建部的规定,目前城市廉租房的建筑标准为人均 13 平方米,2010 年全国竣工房屋造价为 2228 元/平方米左右。借鉴保障房做得较好的中国香港,特区政府提供保障房的人口比例为 30%,则总计需要的支出为 13783.68 亿元。即 $C_5=c_5n_5=15863×30\%×13×2228=13783.68$(亿元)。

保障性住房的财政支出如表 4 所示。

表4 保障性住房的财政支出

农村转移人口总数/万人	政府提供廉租房的比例/%	人均面积/平方米	每平方米造价/元	总计投入/亿元
15863	30	13	2228	13783.68

数据来源:由相关数据整理得到。

（六）就业、城市管理等方面的财政支出

就业方面。政府承担的部分主要是职业介绍与职业培训，这是政府一直在做的工作（2010年，各级财政用于就业方面的支出为624.94亿元），并非新增事项，故不引起财政新增开支。

城市管理方面。由于农村转移人口已居住在城市，这部分费用早已发生，因此也不存在严格意义上的新增财政开支。

基于上述考虑，农村转移人口市民化中就业、城市管理等的新增财政支出C_6=0。

此外，各地还有名目繁多的计生、医疗、公共卫生、供水（气、热）补贴、法律援助、孤寡老人、殡葬等方面的开支，难于一一计算，此处忽略。

总之，基于一次性将现在已经居住在城市的15863万农村转移人口市民化的假定，所需教育、社保、低保、住房方面的新增财政支出为18091.58亿元。

（七）影响上述计算结果增加和减少的主要因素

（1）随迁子女的教育支出中，未考虑农村转移人口子女进入城市后，相应农村义务教育支出随之减少的因素；未考虑现在已在城镇入学就读的农村转移人口子女情况。这前两项对上述计算都有减少作用。

（2）基本养老保险中，未考虑农村转移人口从农村转移出来所导致的农村养老保险的减少因素。

（3）低保中，未考虑农村转移人口从农村转移出来后导致的农村低保支出减少的因素，未考虑到农村转移人口进入城市后，其符合低保条件的比例可能高于同期城镇人口的因素。对上述计算结果，前一个因素有减少作用，后一个有增加作用。

（4）住房方面，30%的比例是参考住房保障工作做得较好的中国香港的比例，远高于我国内地实际水平，因此计算结果偏大。另外，住房建设属于一次性投资，长期逐渐回收（当然并非全部），且租住的农村转移人口本身也要支付一定的租金，这是一项重要的减少因素。

（5）以上所有计算均都未考虑物价变动因素。长远而言，物价将维持低通胀特

征，因此对以上计算结果有向上拉升的趋势，特别是住房建设方面。

（八）以上计算结果的扩展

以上我们只计算了将已在城市居住生活的 15863 万人农村转移人口纳入城市基本公共服务体系时，财政必须支出的最低支出数。如果将计算范围扩大到现有 2.6 亿人农村转移人口中，则计算结果将增大到 29651.76 万元。

再次说明，以上计算只是一种"底线计算"，即将最急需的人纳入最基本的保障所需要花费的支出。现实地看，这一数字可能继续放大。原因有三。一是农村转移人口的基数将扩大，如果将计算范围扩大到现有 2.6 亿农村转移人口中，则计算结果将增大到 29651.76 万元；此外，有专家估计，以后每年还将新增 1200 万人农村转移人口。二是财政补助标准提高，如 2013 年有关方面已提出，新农合的标准将从现在的 240 元上调到 280 元。三是纳入保障的基本公共服务范围可能逐渐扩大，如从本报告立足的"四有"到包括计生、公共卫生、各类补贴在内的方方面面。

因此，我们认为，必须从现在起积极筹划方案，将农村转移人口市民化的财政支出在时间、空间上进行分布分担，构建农村人口向城市转移的、并以"较低标准、相对公平、相对稳定"为特征的基本公共服务保障体系，为巨量人口进城做好制度性准备。

四、农村转移人口市民化财政支出的时间与空间分布设计

（一）时间分布

农村转移人口市民化财政支出的时间分布主要是指，以上支出在某一个时段内，每一年要支出多少。

我们设计了以下两个时点。

第一，根据党的十八大到 2020 年全面建成小康社会的精神，假定到 2020 年全面解决 15863 万人农村转移人口的市民化问题，则从 2013—2020 年 8 年中，按简单

算术平均且不考虑通胀因素的情况下，每年农村转移人口市民化的新增财政支出为2261.45亿元。分布如表5所示。

表5　2013—2020年农村转移人口市民化的财政支出分布

单位：年/亿元

2013年	2014年	2015年	2016年	2017年	2018年	2019年	2020年
2261.45	2261.45	2261.45	2261.45	2261.45	2261.45	2261.45	2261.45

必须说明，每年2261.45亿元仅为指财政为此新增加的支出部分，而非全部支出，原因在于上一年一旦支出，下一年就会被始终保留，呈累加之势。以2015年为例，这一年财政为农村转移人口市民化承担的支出并非仅当前新增的一个2261.45亿元，而是还包括2013年、2014年已经支出的两个2261.45亿元，共6784.35亿元。表6为据此计算的财政当年的实际支出。

表6　2013—2020年各级财政为农村转移人口市民化发生的实际支出

单位：年/亿元

2013年	2014年	2015年	2016年	2017年	2018年	2019年	2020年
2261.45	4522.90	6784.35	9045.80	11307.25	13568.7	15830.15	18091.58

第二，由于农民工问题错综复杂，牵一发而动全身，因此8年时间相对紧张，假定再向后扩展10年，即到"第三代农村转移人口"出现之前必须解决，则从2013到2030年的18年中，财政每年为农村转移人口市民化所负担的新增支出为1005.09亿元。

笼统观之，鉴于近10年来，我国财政收入始终保持了15%左右的增速，各方估计，我国经济还将保持20年左右的平衡增长，这将为财政收入的增长提供了坚实的基础；保障性住房方面，已有一个3年投资9000亿元的整体考虑。因此，笼统而言，尽管所费不菲，但未来10年我国财力状况还是可能负担农村转移人口市民化的相关支出的。

（二）空间分布

农村转移人口市民化财政负担的空间分布主要是指，以上支出在中央政府、地方政府、农村转移人口流出地政府、流入地政府，大、中、小城市之间的分布情况。

1. 中央政府与地方政府之间

如前，随迁子女的教育、养老保障、医疗保障属于中央政府的事权范围；社会救助、保障性住房、就业、城市管理等则属于地方政府的事权范围。以此观之，理论上讲，农村转移人口市民化财政支出中央政府和地方政府之间的分布如表7和表8所示。

表7　中央政府负担部分

单位：亿元

随迁子女的教育	养老保障	合计
3214.70	938.13	4152.83

表8　地方政府承担的部分

单位：亿元

最低生活保障	保障性住房	合计
155.07	13783.68	13938.75

2. 农村转移人口流入地政府和流出地政府之间

总体而言，我国东部是农村转移人口的净流入地区，西部、中部是净流出地区。据国家统计局的调查，2011年，东、中、西部农村转移人口的比例分别为65.4%、17.6%和16.7%[1]。据此，如果不做调整，农村转移人口市民化财政支出在东、中、西部之间现实上可能会形成的分布如表9所示。

---

[1] 引自国家统计局《2011年农村转移人口调查监测报告》，东、中、西部比例相加为99.7%。表9按此比例推算。

表9　东、中、西部地区农村转移人口市民化财政支出分布

单位：亿元

总计	东部	中部	西部
13938.75	9115.94	2453.22	2327.77

3. 各层级城市之间

据国家统计局的调查，2011年外出农村转移人口在直辖市务工的占10.3%，在省会城市务工的占20.5%，在地级市务工的占33.9%，地级以下城市（镇）为35.3%。据此，如果不做调整，农村转移人口市民化财政负担在各层级城市之间可能形成的分布如表10所示。

表10　各层级城市农村转移人口市民化财政支出分布

单位：亿元

总计	直辖市	省会城市	地级市	地级以下城市（镇）
13938.75	1435.69	2857.44	4725.24	4920.38

五、结论与政策建议

（一）简要的结论

第一，以2011年不变价格计算，如果将现有15863万人已在城市居住的农村转移人口市民化，各级财政为此将新增支出为18091.58亿元。如果将计算范围扩大到现有2.6亿人农村转移人口，则计算结果将增大到29651.76万元。

第二，从理论上讲，在18091.58亿元的总支出中，中央政府应当主要承担随迁移子女教育成本和社会保障成本，共计4152.83亿元；地方政府主要承担社会救助、保障性住房成本，共计13938.75亿元。从农村转移人口的现实分布上看，如果中央不做调整，东部地区政府可能承担9115.94亿元，中部地区政府可能承担2453.22亿

元，西部地区政府可能承担 2327.77 亿元，直辖市可能承担 1435.69 亿元，省会城市可能承担 2857.44 亿元，地级市可能承担 4725.24 亿元，地级以下城市（镇）可能承担 4920.38 亿元。

第三，如果到 2020 年完成农村转移人口市民化任务，各级政府每年为此新增的财政支出为 2261.45 亿元；如果到 2030 年完成，则各级政府每年为此新增的财政支出为 1005.09 亿元。

第四，按金额大小排序，农村转移人口市民化最大的成本项目是保障性住房成本，其次分别是随迁子女教育支出、养老保险补助、最低生活保障支出和医保补助。

第五，按发生的时间先后排序，农村转移人口市民化过程中最急迫的是随迁子女教育、保障性住房支出等，而养老保险总体而言则是远期才会发生。

（二）政策建议

综上，我们认为，高达 18091.58 亿元的农村转移人口市民化的财政支出总额固然很高，但如果拉长时间界限且纳入多个主体来考虑，再结合我国的经济发展与财政状况，却也并非不可承受之重。因此，农村转移人口市民化的财政支出，一方面是一个总量能否承受的问题，另一方面更是财政支出结构如何调整的问题。

我们认为，处理如此巨大支出的关键在于把握两个方面，一是要全国各地均衡起步，防止一些地方动、另一些地方不动而带来的"凹地效应"进而阻止这一复杂工作的渐次推进；二是要处理好中央与地方、流出地与流入地政府、大中小城市之间的财政平衡关系。这两者都共同指向一点，那就是中央政府必须发挥顶层设计的关键作用，通过相关制度的调整、设计，构造出推进农村转移人口市民化的运作基础。

1. 要核定中央应承担的农村转移人口市民化的财政资金总量

可根据以上分析，将农村转移人口随迁子女的义务教育支出、相关社会保障补助支出确定为中央政府财政负担事项，分担相应部分支出。

2. 调整转移支付制度，促成地方政府在农村转移人口市民化问题上的财力与事权相匹配

由于各地财力水平不同，负担能力有高低，因此不能随着农村转移人口的自然分布而将相关的财政支出也自发分布在各地和各城市之间，必须由上级财政主持调剂。如上，在确定中央政府应负担的资金总量的前提下，中央财政就可通过增加转移支付总额、调整转移支付比例、修订转移支付系数等方式，来调节地区间、城市间的实际负担水平，促使地方政府的财力与事权能相互匹配。

3. 调整财政支出结构

各级财政在安排支出时，都要适应农村人口的转移情况，调整本地区的财政支出结构，基本方向是从农村向城镇调整，如调整城市义务教育中央与地方的负担比例、调整财政教育支出中农村与城市的支出比例、调整城市与农村的社保补助结构等。

4. 从"钱""地"两个因素着手，平衡流出地与流入地之间财政关系

第一，可考虑由流出地政府向中央政府上交部分土地收益，然后由中央财政专门用于农村转移人口市民化工作，通过转移支付的方式注入农村转移人口的主要流入地区。第二，可考虑在流出地和流入地之间建立土地指标的增减挂钩机制，中心意思是流出地政府收储的农民转让出来的承包地指标和宅基地指标，拿出一部分给流入地政府，此举的好处是，一是流出地政府当期可以不拿钱或者少拿钱出来，二是可以在总体上维持全国土地增减的平衡，保住18亿亩耕地红线，另外还顺应我国新型城镇化的进程，提高东部人口自然集聚程度，以集约化利用土地。

5. 中央制定统一政策，保证全国范围内农村转移人口市民化工作的均衡起步

结合实际情况看，相对于财政补偿，更重要的是中央制定统一政策，保证各地农村转移人口市民化工作的均衡起步，在此基础上，再通过土地政策的调整、土地指标的适当倾斜以及适当的转移支付政策，调动各方面因地制宜，积极探索本地农村转移人口市民化之道。

6. 创造条件，积极谋求政府与市场、政府与社会的多方合作，共同分担农村转移人口市民化的支出

为降低政府负担，可积极引入企业、社会组织等主体参与相关公共服务的生产。要进一步创造条件，打开企业、民间资金进入通道，引入更多的市场主体、社会组织参与公共服务的生产，从而间接地分担政府责任、减轻财政压力。当然前提是创新政府与市场、与社会组织之间的合作机制与方式。

总之，我们认为，农村转移人口市民化是一项重大工程，相关成本的确浩大，但综合考虑各方面的情况，如果精心设计方案，妥善运作相关制度机制，在各级政府、市场与社会的共同努力下，并非不能承受之重。考虑到农村转移人口市民化对于中国现代化建设的重大意义，这是完全值得积极探索并付诸实施的。

主要参考文献

[1] 冯俏彬，贾康. 权益—伦理型公共产品：基于扩展的公共产品定义的阐释 [J]. 经济学动态，2010（7）.

[2] 国务院发展研究中心课题组. 农村转移人口市民化制度创新与顶层政策设计 [M]. 北京：中国发展出版社，2011.

[3] 申兵. "十二五"时期农村转移人口市民化成本测算及其分担机制构建——以跨省农村转移人口集中流入地区宁波市为案例 [J]. 城市发展研究，2012（1）.

[4] 中国发展研究基金会. 中国发展报告：促进人的发展的中国新型城市化战略 [M]. 北京：人民出版社，2010.

[5] 张国胜. 基于社会成本考虑的农村转移人口市民化：一个转轨中发展大国的视角与政策选择 [J]. 中国软科学，2009（4）.

[6] 曾亿武，丘银. 我国农村转移人口市民化成本研究综述 [J]. 安徽农业科学，2012，40（17）.

[7] 2011年中国农村转移人口调查监测报告 [EB/OL]. 国家统计局网站.

［8］教育部，国家统计局，财政部．关于2010年全国教育经费执行情况统计公告［EB/OL］．教育部网站．

［9］2011年度人力资源和社会保障事业发展统计公报［EB/OL］．人社部网站．

［10］2011年社会服务发展统计报告［EB/OL］．人社部网站．

［11］2011年《中国统计年鉴》［EB/OL］．国家统计局网站．

专题报告2

中国新型城镇化进程中土地制度改革的难题破解路径——基于深圳调研的报告

土地制度属于一国最基本的不动产制度。中国改革开放以来，始于农村的土地制度相关改革（农村土地上的"双层经营联产承包责任制"）不仅为我国经济社会发展提供了农业基础层面的活力与动力，而且构成了其他诸多领域改革的前提和保障，引领了我国改革开放的大潮。随之而起的城镇化快速发展与"经济起飞"过程，对于从农村到城市的土地制度改革提出了更多的要求与挑战性问题。时至今日，土地制度改革已成为我国新型城镇化、农业现代化、城乡一体化、农民市民化、农民权益保障等诸多问题的焦点。顺应时代要求，启动符合全面改革总体、长远要求和未来社会经济发展客观需要的新一轮土地制度改革，亟须在探索、创新中形成可行思路并引出可操作方案设计，这事关中国改革发展全局和现代化事业的成败。

一、中国城镇化和现代化进程中土地制度改革的难题

我国土地制度改革推进的难度之所以很大，主要在于这一改革涉及的层多面广，历史上积累下来的矛盾纠结缠绕，利益平衡的难度很大。当前与土地制度相关而存在的诸多矛盾，其深层次原因都与土地产权制度密切相关。土地产权制度走向何处，

是我国弥合"二元经济"而实现城乡一体化发展的现代化进程中必须解决的重大问题。

（一）土地制度改革的核心难题在于土地产权制度改革

从所有权属性上来看，我国土地分为国有土地和集体土地两种性质的土地。城市市区的土地属于国家所有；农村和城市郊区的土地，除无主荒地等由法律规定属于国家所有的以外，属于农民集体所有（深圳已有改变）。农村集体土地在实现承包经营制度框架之下，近年来中央已先后提出允许农民以转包、出租、互换、转让、股份合作等形式流转土地承包经营权，允许农村集体经营性建设用地出让、租赁、入股。但"农字号"的土地始终是与城镇建成区分开的，一旦需要"农转非"，原则上就必须征用为国有土地，完成审批及征用、补偿的全套程序。总体来看，现行土地制度框架是以"公有二元"为特征，把国有土地所有权和集体土地所有权并列的两种产权结构体系。名义上同属公有土地，一为大公，一为小公，大公大到"全民"（国有为其具体形式），小公小到人口变动不居的某一村民小组，具体的权、责、利情况千差万别，十分复杂。从现实来看，这一产权制度结构体系，产生了诸多矛盾或问题，主要体现在以下五个方面。

一是国有土地与集体土地权利、责任"双重不对等"所产生的矛盾。一方面，国有土地与集体土地权利不平等。这不仅表现在集体土地由于实行乡、村和村民小组"三级所有"带来的所有权虚置与紊乱问题，而且更为突出地表现在使用、收益和处分权上的不平等。长期以来，我国严格限制农村集体土地转为建设用地，除特殊规定外，集体土地使用权不得出让、转让或者出租用于非农业建设。这也就意味着农村集体不能面向市场供地，只有经国家征用转为国有土地后，才能由国家出面出让、转让和用于非农建设。因此，与国有土地权利相比，集体土地的使用权、收益权和处分权都是不完整的。虽然近些年来我国做出了解决这一问题的一些探索和制度调整，但由于受诸多现实制约因素的影响，尚未真正实现国有土地与集体土地权利平等。集体土地与国有土地权利的不平等，又表现为制约农村发展和引发紊乱状态等诸多问题的原因。例如，导致"小产权房"问题大量出现的主要动因，就在于两种土地权利和收益的显著不平等。另一方面，国有土地与集体土地又存在责任不对等情况。在很多地方，政府无法在集体建设用地使用权转让时分享土地增值收益，而政府（代表全民）在公共基础设施等方面进行了大量的投入，是引起土地增值的一个重要原因。如果政府不参与集体土地收益分配，只强调集体土地权利，而不使集体承担责任，显然也是不公平的。这种责任不对等的现象，是近年来现实生活中集体土地产权转让中愈益频繁出现的显化问题。

二是"二元"产权结构体系使土地利益协调和农民权益保护的难度大大增加。在土地利益协调和农民权益保护中涉及的一个根本问题，就是土地增值收益的公平分配。土地"涨价归公"是颇具学理渊源的一个重要思路[①]，来源于孙中山著名的《民生主义》演讲，其针对中国历史及其20世纪初严重的土地问题提出了"平均地权、照价抽税、照价收买、涨价归公"的政策。该政策的理论基础，是认为土地可以私有，但土地，特别是城市土地的级差地租和市场涨价，不是土地私有者带来的，而是社会改善基础设施及其环境，以及人口聚集所带来的。因而，土地的级差地租和市场涨价应当归公，"以酬众人改良那块地皮周围的社会和发达那块地皮周围的工商业之功劳"。这便是孙中山所谓"平均地权"的政策思路。其政策操作过程是，先由土地的所有者按照市场行情去定价（"地价是单指素地来讲，不算人工之改良及地面之建筑"），然后报告政府。政府按照其报价，按率征税（"照价抽税"）。为了避免地主低报地价偷税，他主张政府有"照价收买"的权利。其含义相当于我们今天的政府征收土地的政策。因为有"照价收买"的可能性，地主低报地价可能在土地被政府征收时对自己不利，高报地价则可能在政府抽税时对自己不利，所以，这个机制可以保证土地所有者诚实报价。当地价确定后，如果这块土地发生产权变动，而此时它在市场中的地价高出原有价格，那么，涨价的部分，就应当由政府收走归公。

但现实中的土地增值收益分配，不可能是简单绝对的"涨价归公"或其反面的

---

① 孙中山在著名的《民生主义》演讲中指出："解决土地问题的办法，各国不同，而且各国有很多繁难的地方。现在我们所用的办法是很简单很容易的，这个办法就是平均地权。"

一律"涨价归私",而应按照"公私兼顾、增值共享"的原则,处理好国家、集体和农民之间,以及近郊区直接受益农民与远郊区未受益农民之间、农民的土地权益和社会公共利益之间等多重利益关系,建立合理分配机制。两种产权结构体系并存,特别是集体土地产权主体由于多种原因最易虚置,增加了利益协调和保护农民权益的难度。无论是作为一级政府的乡镇,还是作为农村基层群众自治组织的"村民委员会",都很难成为真正意义上的民事权利主体。在农村社会成员必然变化(如生老病死)和必然流动(如异地嫁娶),以及近些年随外出长年打工等形成的流动性增强的情况下,集体土地产权如何在"集体"中的每个人那里得以体现和受到保护,成为一个十分突出的问题。

三是集体土地产权主体虚置与土地流转相关的扭曲、作弊问题。集体所有权的虚置,成为土地流转的严重制约因素和不规范因子。土地流转是现代农业发展的内在要求和城镇化发展的必然趋势,能够提高土地资源配置效率,促进农村剩余劳动力的转移。虽然近些年来国家逐步放宽并允许农民的土地承包经营权可以采取转包、出租、互换、转让、股份合作等形式流转,但在集体所有权虚置情况下,农民并未拥有完全的土地使用权,并且受乡镇规划、承包经营期限、具体操作程序等影响,往往限制性扭曲了符合规模化和专业化经营要求的土地流转,而且名义上"一人一票"式所有权的极易落空和虚置,又为侵犯集体土地权益的作弊与腐败大开便利之门。土地征收补偿不合理、强制征收、村委会成员利用土地谋私利等,都严重侵犯了农民的土地权益(当然也包括其背后的全民公共权益)。虽然近年来,我国一些地方在农村采取股份公司、合作社等组织形式,将股份量化到村民,提升了"集体"内部的规范性,但利益分配中的一些问题和矛盾(特别是对外部而言)仍远未得到根本解决。

四是"公有二元"产权结构,加大了政府管控与市场自主调节土地资源间的矛盾。在市场经济下,市场机制是资源配置的基本方式。土地作为一种生产要素,需要发挥市场的配置和调节作用,以提高其配置效率。由于人多地少,土地在我国现实生活中成为一种特殊的"自然垄断"资源,又事关国家粮食安全、13亿人吃饭问题,如果完全依靠市场自发调节,有可能导致农地使用不当、农地和建设用地比例失调，引发粮食安全问题，更何况城镇化带来的中心建成区的扩大，必然引发市场式"试错"无法有效解决的"通盘规划合理化"问题，因此，需要政府发挥积极的管控作用。然而，在土地资源配置权力上，政府与市场之间往往处于一种此消彼长的矛盾之中。解决这一矛盾的关键是如何找到合理的边界和分工、互补机制，使政府与市场都能发挥积极作用，共同提高土地资源配置效率。一般而言，政府应该在保护耕地、保护各类土地产权、实施土地利用规划等方面发挥主导作用，市场应在土地资源配置上发挥主导作用。市场经济的一般经验是土地可分为私有和公有（国有），商业活动对私有土地的需求只能通过市场交易满足，公益项目对私有土地的需求可通过国家征用（有补偿）来满足，政府有规划权，但在依法管控事项之外，应全部交给市场。然而，在我国"公有二元"产权结构和现行体制下，政府在国有、集体均为"公"字号的土地使用、管理与交易中，却明显存在管控过度与管控不到位并存的现象，市场的积极作用被抑制，消极作用又往往未得抑制。一方面，政府在土地征用、开发、拍卖等方面承担了过多的职能，担当了土地供给者和使用决定者的角色。审批程序的复杂及其他过度管制措施，导致交易成本过高、阻碍土地的合理流动与优化配置。另一方面，又存在土地管控不到位的情况，造成规划紊乱低质、土地配置不合理、使用效率不高、私自改变土地用途等问题，特别是一些集体土地，更是出现了乱占乱建、私自交易等问题。

五是"二元"产权结构与城镇化发展之间的成本上升与风险压力日趋明显。截至目前，我国城镇化的推进主要是由政府主导的征地，以现行的一套土地征收制度为支持。随着城镇化发展，两种土地产权结构下的征地成本上升"棘轮效应"加"攀比竞抬"式压力日益显现。其一，政府主导城镇化的现实资金约束和风险日益增强。政府主导城镇化，是以大量的建设资金为前提的。没有资金保障，地方政府就难以为城镇发展提供必要的基础设施建设，政府主导的方式也就难以运行了。我国现有征地制度的一大优势，就是初始开发环节通过低价征收、高价拍卖的方式，为政府推进城镇化提供了大量的资金支持。然而，随着农民土地维权意识的增强和各方"讨价还价"式博弈的变化，政府主导城镇化与现实资金约束增强的矛盾日益显现，因为城镇化很难再以初始阶段的低成本方式继续推进，征地、拆迁费用攀比式的水涨船高不断增长，使政府主导城市化的成本急速上升。农民、市民补偿诉求得不到满足而引发的冲突，成为影响社会稳定的重要因素。这表明"二元"结构下政府主导城镇化的经济风险、社会风险和政治风险都在增加。其二，在一些城市发展中出现"自主城镇化"模式，即在集体土地上建设城市和"农转非"项目（如"小产权房"），突破了城市土地国有的限制，与现行诸多制度产生冲突，也为后续管理、产权登记、交易等诸多方面增加了极大难度和十分棘手的问题。其三，基本农田农地保护与城镇化用地之间的矛盾日益突出。一方面，由于人多地少，实行农地保护制度，是生存与发展的必然要求；另一方面，城镇化发展，必然造成城镇扩张和建设用地的增加，二者构成一对矛盾，而在农地非农化带来的巨大价差诱导下，进一步刺激了"征地"和"变地"冲动，一些地方千方百计将农田转为农村的或非农的"建设用地"，造成乱征收、乱占地现象，对粮食安全和社会稳定等构成了威胁。

（二）土地产权制度改革大思路的理论逻辑：利弊分析及可能选择

由上述考察可知，探讨如何改革我国国有土地与集体土地并存的"公有二元结构"势在必行。纯粹理论分析的大思路可以有三种。

思路一：实行农村土地私有化，取消集体土地所有制。

实行农村土地私有，是不少学者的主张，虽然能够解决集体土地产权虚置、保护农民土地权益、防止村组织以权谋私等问题，但也会带来诸多不可忽视的负面影响，产生极大地经济、社会和政治风险。

一是产生经济风险。从理论上说，土地私有化所带来的产权明晰，便于提高土地利用效率，可能会产生良好的经济效益。然而，土地作为特殊资源，在我国实践中却很可能产生一些经济风险。其一，在不同地区，受利益博弈等影响，可能会出现相互矛盾的两种发展趋势，一些地区可能出现大规模的土地兼并（重演中国历史上的失地农民矛盾积累过程），而另一些地区的农民则可能拒不流转，从而使农业集约化生产难以有效推进。其二，私有化之后的土地流转，受经济利益驱使，可能会危及粮食安全问题。

二是带来社会风险。其一，不利于解决劳动力转移和就业问题。在原有土地的劳动力无法得到有效吸收、转移的情况下，如果以土地私有为产权基础放任资本大肆兼并土地，可能会产生城市盲流，影响社会稳定。其二，农村土地私有化将会导致我国城镇化过程中未来的"钉子户"式产权纠纷难题更为明显和加剧，影响社会稳定。

三是引发政治风险。其一，农村土地私有化而城镇土地已完全无私有化的可能，在国民公众权利意识日益兴起的社会背景下，农村土地私有化产生的城乡居民利益反差、心理失衡的社会效应，将会直接影响改革环境的稳定性。其二，由于我国明确地实行社会主义制度，土地公有的观念根深蒂固，土地私有化必将饱受社会和部分体制内人士质疑，遇到的政治阻力将使其在现实中无法起步而徒增政治斗争的复杂性。

因此，在我国推行农村土地私有化思路的社会成本极高，不可控因素太多，经济、社会，尤其是政治风险十分巨大，可能产生种种难以预期的后果，这一思路难以形成方案，不具备现实可行性。

思路二：维持"公有二元产权"结构体系，坚持并完善农村集体土地所有制。

由于这一思路是不对两种产权结构体系做大的调整，因此，优点是带来的直接负面影响较少，短期社会风险较小，改革较易推动（这些年来实际上官方态度一直如此）。然而，在这种产权结构体系下，虽然出台的一些政策如土地确权、两权分离、三权分置、允许农村集体经营性建设用地出让等，能够缓和一些冲突，但仍属于治标不治本，无法解决前述分析中的一些深层面矛盾，"同地同权"的表述虽得人心，但难以落到实操层面，进退维谷，因而所谓坚持和完善农村集体土地所有制，实际上很可能是陷入矛盾积累过程、路子会越走越窄，不利于长期、稳定发展，不可成为未来的长期选择目标。

从理论上分析，土地的"集体所有制"，在"产权清晰"的市场经济和必然要与之匹配的要素流动以市场交易为机制的现实世界中，是无法长期有效运行贯彻到底的。因为一个"集体"，遇人员死亡、新生、婚嫁等，"一人一票"的总票数必然变动,而土地权益所依托的土地实体,却不可能随之有任何变动,增人无法增地,减人也难减地,内部、外部人际间的权益自然是模糊难定的,无法真正规范的。种种的不规范、扭曲与"作弊"的空间,就往往反而成为常态,以及利益博弈的"灰箱",难言有长效的公正。

如我们有了这一"捅破窗户纸"的基本认识,还需要再加上另一重要判断性认识:现阶段我国具有一定积极意义的集体土地与国有土地"同地同权",与整体、长远考虑必须顾及的"平均地权、涨价归公(以从亨利·乔治到孙中山的主张为代表)"两大原则之间,存在不可调和的矛盾。"同地同权"是有利于保护直接相关农村原住居民权益的原则,"涨价归公"是可能有利于全体国民、特别是大量远离城乡接合部、在一桩桩一件件征地或土地交易事件中不可能直接受益的他地居民的原则(当然有效"归公"的前提是政府职能必须正常行使),换言之,前者是在"小圈子"内分权益的原则,后者是在"全社会"中分权益的原则,两者自然有冲突,而且无法按照"二者必选其一"来求解。把以上的两个认识与判断合在一起,引出的结论必然是:从长远考虑,我国正确处理"土地权益"问题的出路,应在于当下以社会可接受的机制处理一桩桩具体事件中"同地同权"与"平均地权、涨价归公"间的折中权衡方案(现实生活中我们一直在"讨价还价"式地做这种事情,但显然已越来越吃力),同时面对今后还要经历的几十年快速城镇化过程,长久之计是争取创造条件把"土地集体所有制"转为产权清晰、无纠结状态的另一种可接受、且有利于可持续处理"涨价归公"问题的所有制形态,以求避免未来矛盾的更加积重难返。

思路三:实行集体土地国有化,先有法律框架后加实际内容地逐步取消集体土地所有制。

土地国有化思路,从长远看既能够解决集体土地所有权虚置、土地权利不平等、小产权房等问题,又能以"一次锁定、分步兑现利益"方式避免城市化的巨大资金支出压力,减少因土地产权矛盾积累而引发的社会和政治风险,并且还有利于顺利实施统一市场上的土地流转,便于国家统一规划、管理,发挥中国特色社会主义市场经济的优越性。

贾康等学者曾提出这一思路中的基本考虑如下：土地是城镇化的重要载体，与之相关的重大现实问题是，农村基本农田土地使用权的流转制度和城镇化必然征用土地的"农转非"全套制度如何合理化。已可看清，在我国农村土地的"集体所有制"无法与市场、法制完整匹配、路子越走越窄的制约条件下，所谓使土地"私有"的方向在中国不可行，如何处理土地制度这一重大而棘手的难题，是中国统筹城乡和实现民族复兴愿景面临的巨大历史考验之一。未来的改革大方向，可以按照"排除法"，选择"集体所有""私有"之外的唯一余项——国有制，把必保的基本农田和其他所有土地，都纳入"国有"法律框架后，其中对基本农田确立永佃制，在非基本农田用地上则一揽子、一次性、一劳永逸地处理好宅基地、"小产权房"等历史遗留问题（物质利益补偿可以分步按合约实现），进而给予全体社会成员"国民待遇"，其后即有可能进入一个统一市场中土地产权的规范化、一元化状态，就是我国全部土地都是国有土地，其使用权可透明、规范地流转，凡是土地使用权流转环节上的租金，就进入国有资本预算（基本农田另行处理，实际上可不要求或象征性低标准要求务农者上交农地的地租）；凡是其流转和持有环节上应征缴的税收，就进入一般公共收支预算。生产要素包括土地要素的流转、配置，可以均进入无壁垒状态。政府专注于做好国土开发、土地利用的顶层规划，同时非农田建设用地由一套市场规则和特许权规则来调节其交易或特定用途配置。除基本农田用地"封闭"式流转和发展规模化经营之外，真正把所有土地资源放上统一市场的一个大平台。这个前景，是配套于城乡统筹发展和市民化为核心的城镇化历史过程的一个值得探讨的可选改革方向，如果一旦形成决策思路，公共财政理应支持其方案化实践和推进优化过程。

综合以上理论化的、逻辑式的利弊分析，我们认为，实行集体土地的国有化，即将全部土地纳入国有平台，应是中国土地制度改革长远发展战略的大思路。但把集体土地国有化，实践难度很大，当然只能徐图进展。

（三）土地国有化改革需解决的几个重要问题

实现土地国有化改革的预期目标和效果，需要处理好几个重要问题。

一是土地国有化的路径选择。集体土地国有化，是赎买还是直接收归国有？国家显然不具备一步赎买的实力。如果直接收归国有，会引起社会质疑，不利于社会稳定，并且在土地征收等相关制度不完善的情况下，很容易造成对农民权利的侵犯和剥夺。此外，村委会职责的转变、乡村债务等问题都对国有化形成制约。因此，必须妥善选择土地国有化的渐进实施路径。

二是构建以基本农田永久土地使用权（永佃制）为核心的农用地产权体系。在法律上确定国家作为土地终极所有者的地位之后，基本农田土地使用人可行使永久使用权（其实"分田到户"的土地承包制从"30年不变"到"永久不变"的表述，已基本解决了这个问题），它又可具体分解为占有、使用、收益、处分等权能，形成二级产权束。土地使用人享有的土地使用权可以以抵押、租赁、入股、买卖等形式，通过市场优化组合，也可以合法继承、赠予等。这样不仅保证了国家在土地管理和最终决策上的权利，而且又具有很大的灵活性，给实际土地使用者较大的使用、流转权利，防止国家管得过多、过死，从而有利于解决当前土地制度中存在的诸多问题和矛盾。

三是探索农民市民化的新路径。城镇化的核心在于实现人的城镇化中进城定居农民的市民化。农民市民化，不仅是身份的变化，而更为重要的是农民能够主动参与城镇化，分享现代化发展所带来的公共服务，实现农民与现代化、城镇化的有机融合。这一问题的着力点又在于如何处理农民进城与土地的关系上。政府应打造包括就业、养老、医疗、住房和教育在内的社会保障体系，为农民的市民化消除障碍。对于农民进城的成本，原则上应由政府、企业和农民三方承担。

四是政府在土地规划、管理中的合理权限问题。全部土地国有化之后，应强化优化国家通盘的土地规划权，把原农村集体建设用地的规划和管理纳入其内，提高土地使用效率，防止重复建设和各种违法建造等行为。同时，还必须以"正面权力清单"方式约束政府公权，使之不越界、不诿责，有效防抑扭曲和设租寻租。

五是探索公平合理、社会共享的土地增值收益分配模式，包括探索对"小产权房"等棘手问题的分类解决方案。只有遵循共享理念，处理好各种相关利益关系，实现土地增值收益的合理分配，才能平抑因征地、拆迁补偿发生的矛盾，为农民市民化和城镇化建设提供必要的财力，使全体城乡居民共享发展成果。

二、难题破解的重要实践启示：深圳的突破路径

前述中国城镇化、现代化进程中间的土地改革难题，突出表现为农村土地集体所有制的道路越走越窄，粗放的土地开发模式已难以为继，必须另寻大思路。新近在深圳调研中我们发现，关于难题破解的路径，深圳市作为经济特区，已有十分值得重视的开创性探索和弥足珍视的初步经验，其方向和逻辑完全符合前文分析排列出的第三种思路。

深圳作为特区，城镇化进程起步后，发展极为迅猛。通过两次城市化土地统征（转），深圳整个市域的土地已实现全部国有，其中第一次是1992年的统征实现了原特区内土地的国有化，第二次是2004年的统转实现了原特区外土地的国有化，因此深圳法律框架下已不存在农村集体用地，也不存在农民。但还存在少量农业地块，而且由于城市化过程中形成了一系列有关土地的历史遗留问题，仍存在土地的二元管理现象，即存在"原农村土地问题"和"原农民土地权益保障问题"。目前，原农村集体经济组织实际占用土地中，仍有约300平方千米存在历史问题，被称为"合法外用地"，存在产权复杂、补偿不清、违法建设等问题交织在一起，也存在当地不称为"小产权房"的小产权房问题。针对这些问题，深圳市探索形成了"依现状明晰产权"及"以利益共享推动产权明晰"并行的改革思路，出台了一系列政策措施，深化城镇化进程中原农民土地权益的保障改革工作，如表1所示。

表1 深圳市已出台涉及土地整备相关政策梳理

时间	政策名称	核心内容	主要作用	主要缺口
2011年	深圳市人民政府《关于推进土地整备工作的若干意见》（深府〔2011〕102号）	总体要求、组织保障、实施方式及范围、规划计划管理、资金保障、实施机制、激励机制	对土地整备提出总体、全面要求	缺少对土地整备专项规划相关内容的指导规定
2012年	《深圳市土地整备资金管理暂行办法》	土地整备资金的管理、计划编制与审批、来源、支出、监督检查与绩效评估	规范全市土地整备资金管理	对土地整备资金安排没有提出具体的规则
2012年	《深圳市土地整备专项规划（2011—2015）（初稿）》	识别工作重点难点、构建土地整备空间结构、确定整备规模时序、制订土地整备片区规划实施指引、探索土地整备实施机制	全面系统讨论了研究对象、研究方法、工作内容和工作深度，其技术路线及研究方法已成为相关规划的工作基础和范例	由于城市更新改造区域的存在，对土地整备工作会有一定影响，城市更新区和土地整备区的规定如何统筹协调没有明确规划
2013年	《深圳市房屋征收与补偿实施办法（试行）》（深府令〔2013〕248号）	对因公共利益需要实施房屋征收的提供全面政策支撑，其中对因土地整备需征收房屋的情形，也进行了明确的规定	规范了土地整备涉及房屋征收补偿的具体办法和相应标准	在土地整备工作的适用性方面存在一定问题（并不是所有土地整备都基于公共利益需要），在补偿标准方面没有使用的详细规则或解释说明，怎么用这个办法存在问题

（一）全市土地国有化框架下处理对原农民土地权益的保障

深圳市早在1996年的城市总体规划就已将规划范围拓展至全市域，在一个完全国有的平台上，不区分城市和农村，统筹安排全市域土地，配套公共市政基础设施，并在其后《深圳市规划标准与准则》中采用统一标准，为特区一体化奠定了坚实的基础。该举措有别于国家在城乡规划层面的做法，中心城区部分按城市标准规划，其余部分按农村标准规划，从规划层面保障了农民土地权益（配套设施和土地价值一体化）。

在土地政策方面，深圳市不仅按照政策标准支付补偿款，对城市化后城市管理、户籍和计划生育、社会保障和劳动就业、学校教育等进行妥善安排，同时划定了非农建设用地、征地返还用地、支持发展用地（同富裕工程、扶贫奔康、固本强基）等多种原农村"留用土地"，进一步保障和扩展了原农村集体经济组织和农村的权益，有效地使深圳原农村集体经济组织和原农民分享改革开放的红利。在留用土地权益设计上，从保障原农民和原农村集体经济组织平稳过渡为市民和现代企业出发，明确非农建设用地和征地返还用地土地使用权权益及入市流转途径。

深圳市的土地完全国有化，可望一次性解决制度框架上的权益不公平矛盾问题，具有重大的全局性启示意义。完全可以理解，由于具体的历史条件局限，宣布了土地的统征统转，只是给出了"单一土地国有制"的法律框架，必然遗留下许多问题。在此基础上，深圳市探索在改革创新中逐步完善对原住农民的土地权益保障。

（二）新形势下有关农民土地权益的改革创新举措

为解决深圳市土地资源紧缺问题，有效盘活原农村集体经济组织土地资源，合理保障原农村集体经济组织土地权益，深圳市于2009年启动土地管理制度改革，形成了区政府试点实践、各职能部门政策支撑、社会力量积极参与的改革工作格局和"产权明晰、市场配置、利益共享"协同推进的改革核心思路。

"依现状明晰产权"。2013年年底，深圳市在《深圳市人民代表大会常务委员会关于农村城市化历史遗留违法建筑的处理决定》基础上，进一步细化规则，出台了试点实施办法，探索按照全面摸底、区别情况、尊重历史、实事求是、甄别主体、宽严相济、依法处理、逐步解决的原则，推进农村城市化中历史遗留违法建筑的处理工作。

"以利益共享推动产权明晰"。土地利益分配中，统筹考虑城市、集体、村民等多方发展诉求，充分运用规划、土地、金融、财税等多元手段，与市场形成合力，共享土地增值收益，从城市更新、土地整备和入市流转三个方面破解历史难题。城市更新方面，深圳市根据本地实际，创新产权处置办法，建立了"20-15"的利益共享机制,即允许经批准纳入城市更新计划的城市更新区域内未签订征(转)地协议或已签订征(转)地协议但土地或者建筑物未作补偿,用地行为发生在2007年6月30日之前,用地手续不完善的建成区,原农村集体经济组织在自行理顺经济关系、完善处置土地征(转)手续的协议、将处置土地20%作为确权成本纳入政府储备后,可将处置土地剩余的80%视为合法土地进行城市更新,同时还需缴交公告基准地价10%的费用,用作历史用地行为的处理。

"两层算账整村统筹"。深圳市在土地整备中创新性地提出了"两层算账整村统筹"土地整备新模式,即政府与社区算"大账",社区与内部成员算"细账"的谈判合作模式。这样一来,政府相对超脱,充分调动了社区的积极性。对于"整村"土地,政府综合利用规划、土地及相关政策,与原农村集体经济组织(社区)直接协商谈判,明确政府与集体的利益分成。其中,社区自行厘清土地历史遗留问题,清拆地面违法建筑,自行协商补偿分配方案,从而整村解决历史遗留问题,以实现各方利益平衡和城市发展利益的最大化。整村统筹实行了以后,政府就从整个体系中的主角变成了一个配合组成的部分,原村民的社区则成为与开发商谈判的主体。社区作为主体来承办拆迁与开发商谈判,与开发商直接对接,避免了政府和社区的利益摩擦,也避免了政府和开发商的复杂协调,从根本上调动了原村民的积极性,让他们"自己做主"改变城市面貌。社区主体对每一个原农民负责,比如规划不公、非农建设用地不公的问题,要把它在一个村的范围内解决掉,在社区整体中将收益按不同情况实施分配。同时,"整村统筹"模式的运作也避免了村干部私下卖地,暗中抽取土地收益等违法行为,加强了村务透明化管理,实质上也是一个显化资产和加强内部管理的过程。目前,该项工作正在坪山南布、沙湖等社区试点,未来将认真细致总结试点经验,逐步向全市推广。

入市流转方面,深圳市政府出台了拓展产业发展空间的"1+6"文件,明确提出允许原农村集体经济组织继受单位尚未进行开发建设的、符合规划的工业用地进入市场交易,对于合法工业用地,所得收益全部归原农村集体经济组织,对于尚未完善征(转)地补偿手续的,继受单位需先行厘清土地经济利益关系,完成青苗、建筑物及附着物的清理、补偿和拆除,入市所得收益政府与继受单位"五五分成"或者"七三分成",继受单位持有不超过20%的物业。2013年12月20日,深圳市首例原农村集体工业用地成功入市,充分发挥了市场配置作用,实现了有需求的企业与原农村集体建设用地的对接,既拓宽产业发展空间,又通过土地出让利益分成解决了原农村土地历史遗留问题,支撑了原农村集体转型发展,为实现不同权利主体土地的同价同权开辟了新路。下面重点就深圳市"整村统筹"土地整备模式,以及"土地精细化管理"来更为具体地介绍深圳市破解难题的路径。

(三)"整村统筹"土地整备模式

随着城镇化的快速推进,粗放的土地开发模式早已难以为继。为了改变"土地城镇化"局面,深圳市"整村统筹"土地整备模式的创新力求"一揽子"解决土地问题。

"整村统筹"是在农村城市化进程中,针对已完全城市化后的特定阶段,形成的一种综合发展理念。即按一定的行政管辖区,整体考虑该地区的发展,将长期利益与短期利益相结合,通过对制约发展的各类限制性因素进行统筹,综合考虑该类区域自然、人文、社会、经济发展的纽带和联系,积极调动行政、法律、社会、政策等多种手段,实现整个地区的完全城市化。"整村统筹"作为一种发展理念,实践的不仅是一个村落的建设重建,还包含了历史传承、经济发展、权力完善、社会治理、环境提升等更为丰富的内容。

"土地整备"是深圳土地改革进程中的又一创新。其既区别于土地储备、也区别于土地整理或整治。由于针对的主要是城市土地的综合利用和开发,土地整备将土地资产运营的理念贯穿全程,将实现储备、整理、重组、再开发、运营等土地问题统筹综合管理。对深圳市来说,土地整备是积极储备土地、主动调整供地途径、改善城市环境、加强基层管理的一项工作需求。面向全国来讲,土地整备是整合多方资源,加大社会公共服务职能,做好城镇化布局的重要举措;从现状到未来的一种城市化路径,实现产业的城市化、人的城市化和环境的再城市化同步推进,环境的再城市化。

1. "整村统筹"土地整备的总体思路

"整村统筹"土地整备以原农村实际掌握的土地为主要对象，以整体确定原农村土地权益为平台，以制度创新为支点，撬动城市建设、社区经济转型和基层社会建设的联动，探索一条新型城镇化道路，实现土地"一元化"管理。"整村统筹"土地整备打破了传统土地整备以政府为主导的模式，形成有政府提供政策支持、资金统筹，以社区股份合作公司为实施主体的新模式。新模式通过社区与政府算"土地＋规划＋资金"的"大账"，社区与居民算"小账"的方式，由政府来统筹解决公共基础设施建设的落地实施、产业用地的划拨、违法建筑处理和确权等问题；由社区来统筹解决辖区内建筑物拆迁、安居民置、物业管理等问题。以"整村统筹"土地整备为平台，承接社区的"基层党建、城市建设、经济发展、社区转型"等多个目标。

深圳市"整村统筹"土地整备的主要目标如图1所示。

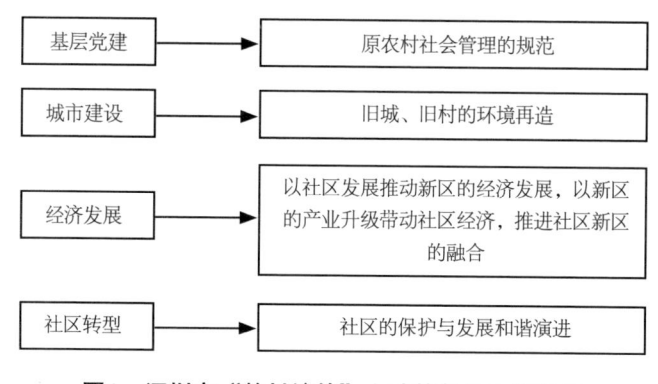

基层党建	→	原农村社会管理的规范
城市建设	→	旧城、旧村的环境再造
经济发展	→	以社区发展推动新区的经济发展，以新区的产业升级带动社区经济，推进社区新区的融合
社区转型	→	社区的保护与发展和谐演进

图1 深圳市"整村统筹"土地整备的主要目标

2. "整村统筹"土地整备的主要内容与流程管理

"整村统筹"土地整备主要内容包括基础工作、专项规划编制、实施方案编制、专项规划方案与项目实施方案的协调配合。一是基础工作，主要包括土地和房屋权属清理、项目测绘、基础数据核查、产权及相关利益主体意愿调查与分析、土地整备空间的需求状况等工作；二是专项规划编制，主要明确社区的规划定位、社区内产业发展、生态建设、基础设施等内容，制定规划空间的分级导引和管制机制；三是实施方案编制，主要明确整备的"土地＋规划＋资金"三大核心要素、社区分期实践方案等内容；四是专项规划方案与项目实施方案的协调配合，主要是将整备过程中的"土地＋规划＋资金"联动起来，规划编制、权属管理、资金运作三条主线相互支撑，实现专项规划方案和实施方案的协调统一。"整村统筹"土地整备主要从以下九个方面分阶段推进，具体流程如图2所示。

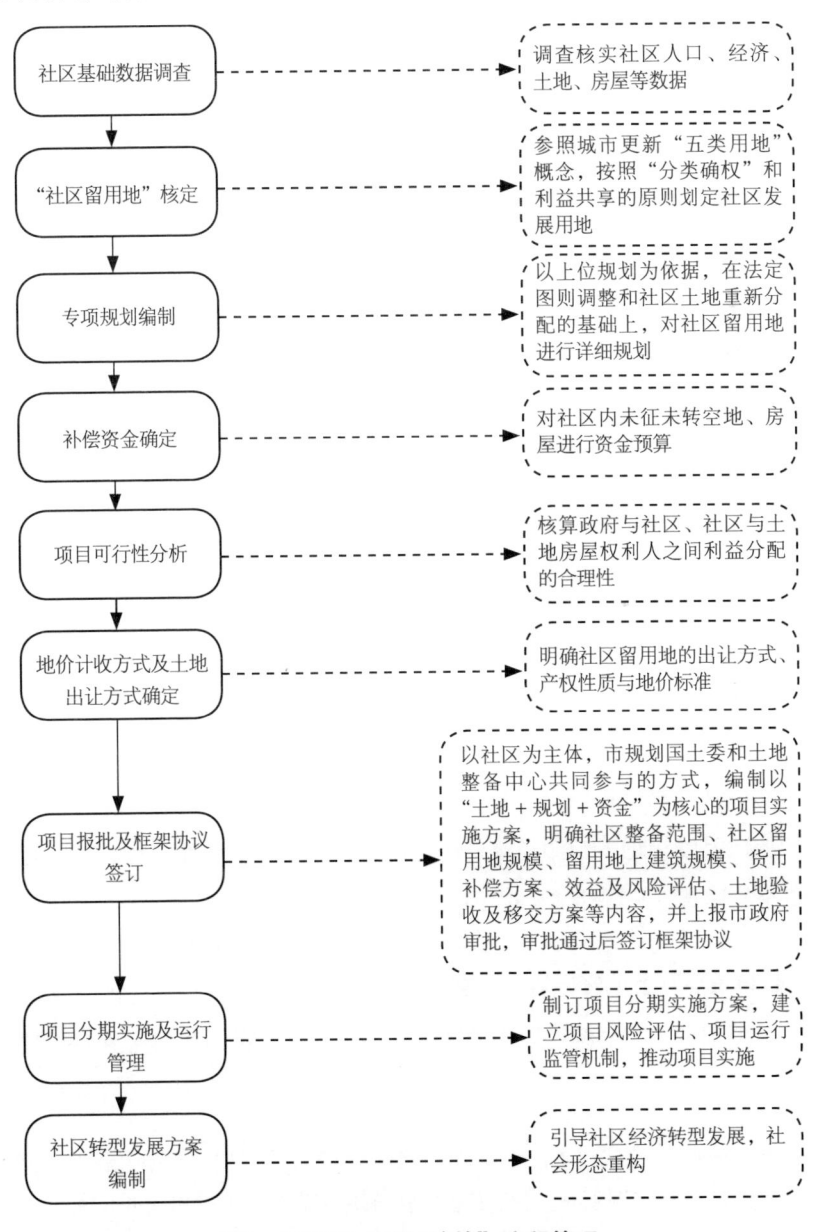

```
社区基础数据调查 ----→ 调查核实社区人口、经济、土地、房屋等数据
       ↓
"社区留用地"核定 ----→ 参照城市更新"五类用地"概念，按照"分类确权"和利益共享的原则划定社区发展用地
       ↓
专项规划编制 ----→ 以上位规划为依据，在法定图则调整和社区土地重新分配的基础上，对社区留用地进行详细规划
       ↓
补偿资金确定 ----→ 对社区内未征未转空地、房屋进行资金预算
       ↓
项目可行性分析 ----→ 核算政府与社区、社区与土地房屋权利人之间利益分配的合理性
       ↓
地价计收方式及土地出让方式确定 ----→ 明确社区留用地的出让方式、产权性质与地价标准
       ↓
项目报批及框架协议签订 ----→ 以社区为主体，市规划国土委和土地整备中心共同参与的方式，编制以"土地＋规划＋资金"为核心的项目实施方案，明确社区整备范围、社区留用地规模、留用地上建筑规模、货币补偿方案、效益及风险评估、土地验收及移交方案等内容，并上报市政府审批，审批通过后签订框架协议
       ↓
项目分期实施及运行管理 ----→ 制订项目分期实施方案，建立项目风险评估、项目运行监管机制，推动项目实施
       ↓
社区转型发展方案编制 ----→ 引导社区经济转型发展，社会形态重构
```

图2 深圳市"整村统筹"流程管理

3. 科学的"社区留用地"核定办法

为了解决"社区留用地"核定的问题，统筹考虑土地、规划、资金等核心要素，按照"分类确权"为主线，"以房确地"为核心的思路。深圳市以土地确权为基础，以"利益共享、尊重客观历史，保障社区发展"的原则确定。同时参照城市更新旧屋村的概念，打破旧屋村认定的政策限制，创新提出了原农村集中居住区的概念及认定办法，解决了政府与社区在认定旧屋村过程中的争议。"社区留用地"核定办法规范了原农村集体经济组织留用建设用地核定工作，从而确保"整村统筹"土地整备工作的顺利进行，为深圳市推动原农村土地确权、规划实施、优化空间布局、特区一体化转型发展奠定了基础。

深圳市在"社区留用地"核定办法中的重要创新是"分类确权""以房确地"。

"分类确权"就是在对继受单位国有已出让用地（出让给继受单位的国有土地）、非农建设用地（含征地返还地）、原农村集中居住区、农村城市化历史遗留违法建筑已处理用地等历史已批准用地认定的基础上，构建重叠的指标或评级，核算继受单位留用建设用地的总规模。社区留用地上的规划以项目专项规划批准为准，对于无法落地的规划指标按照市场评估的价值给予货币补偿。

"以房确地"就是在"分类确权"认定与核算的基础之上，对社区留用地的规模进一步验证和校核。一是对原农村集体经济组织历史上已批准用地进行确认，结合批复的开发强度或合同约定的开发规模，确定各类建筑的功能与总量；二是设定拆建比及各新区建筑量指标体系，借助规划手段在空间上予以重新安排。整个过程是按照"历史已批准用地→留用建筑量→留用建设用地"的思路进行，同时还结合了规划、资金等要素，开创性地实现了规划、土地、资金互动的新局面。

4. "整村统筹"土地整备的借鉴意义

首先，深圳市"整村统筹"土地整备探索了一条在国有平台上整合处理、综合解决社区问题的思路，在"一揽子"形式下分类解决了社区土地开发利用、历史遗留问题处理、土地房屋确权、社区经济社会建设等一系列问题，为深圳市新型城镇化建设奠定了基础。同时其先试先行的大胆创新可以为全国提供宝贵的经验。

其次，深圳市"整村统筹"土地整备可在一定程度上实现土地确权和二次开发，明晰政府、社区的土地产权，维护土地权利人合法合理的正当诉求，一揽子解决社区的未征未转地的开发利用、违法建筑处理等问题，实质性地完成原农村土地到国有土地的改变，实现原农村土地与国有土地之间的腾挪置换及原农村土地规划功能的调整等问题。

再次，深圳市通过"整村统筹"土地整备试点社区集体股份有限公司从单一、低端的厂房租赁经济模式向多元化经营转变，经济收入的主要来源将拓展至物业开发与经营、事业投资等领域，推动社区集体经济转型发展。

最后，深圳市"整村统筹"土地整备打破了传统社区封闭的发展模式，将社区发展与新区城市发展有机结合起来，使社区真正融入城市当中。社区发展可以为新区或开发区提供完善的公共配套设施、公共服务能力、综合管理水平和社区保障体系等优质服务，推动整个区域的城市、产业、社会结构再造，为新区城市的可持续发展注入新活力，实现以"整村统筹"土地整备带动社区发展、以社区发展促进新区城市发展的目标，实现社区与城市"双赢发展"的局面。

基于整村统筹试点，土地精细化管理成为深圳新区土地管理重点工作，以政策法规为依据，制定全覆盖、多层级、高标准的土地管理体系。以此为基础，细化各项制度、规范和程序，严格执行、监督、考核、奖惩，提升土地资源管理工作效率。其主要包括土地批前预控和批后监管、土地资源集约节约利用、土地历史遗留问题处理三个方面的内容。

三、远景展望：在单一国有平台上，通盘规划土地开发利用，使市场充分起作用和更好地发挥政府职能，动态优化，因地制宜，积极探索创新我国的土地制度体系

前已论及，我国城镇化推进中，在农村土地的"集体所有制"无法与市场完整、长久地匹配，同时土地"私有"在政治上又不可行的情况下，土地制度改革的大方向，是把所有土地都纳入"国有"法律框架后，对基本农田确立永佃制即赋予永久

使用权；在非基本农田用地上则一揽子、一劳永逸地处理好宅基地和"小产权房"等历史遗留问题（具体利益兑现可分步完成），进而给予全体社会成员"国民待遇"，其后即有可能进入一个统一市场中土地产权的规范化、一元化状态，全部土地都是国有土地，其使用权可透明、规范、无壁垒地流转。政府可专注于做好国土开发、土地利用的顶层规划，同时非农田建设用地由一套市场规则和特许权规则来调节其交易或特定用途配置。除基本农田用地封闭式流转和发展规模化经营之外，真正把所有土地资源放到统一市场的一个大平台上。这个思路，过去我们还仅是从理论分析推导出来，作为一种逻辑内洽的可能前景。而在调研中了解到的深圳实践，则使我们知道，现实生活已开始把这种理论推演，变为实践行动。这足以使研究者感慨和兴奋。虽然深圳的实践还只是在一个局部的先行先试，但已经使我们得出以下初步认识。

（一）在土地全部国有法律框架下，可以采用渐进式改革路径，分步实质性落实土地单一国有制改革

十八届三中全会提出，"赋予农民更多财产权利，推进城乡要素平等交换和公共资源均衡配置"，而农民的财产其实主要就是归为集体所有制的土地。我们已指出，从大的方向上来看，实现全部土地国有化是长期视野中唯一可选择的改革思路，但显然一步到位式的改革完全不具备可行性，无法承担"摆平农民权益"方面可能发生的风险和成本。为此，只能采取渐进式改革路径，分步实行土地国有化改革。大多数地区的第一步，可以"平权"（集体土地与国有土地同样享有参与城镇化、工业化的权利和机会）和"赋权"（赋予农田地永久使用权）为重点，减少土地权利的不平等，特别是在土地使用权的流转方面，允许集体土地的使用权（包括农地和农村建设用地）在符合国家法规的前提下市场化流转。第二步，不同区域中分先后在法律框架上如同深圳那样取消土地集体所有权，建立统一的土地国有制。同时承认原集体所有制下的原住民，有获得权益补偿的资格，需要在摆平利益关系的前提下，以分步兑现到位而完成所有社会成员真正的"国民待遇"，同时也就是在分步渐进中实质性地落实了土地完全国有化的改革。深圳凭借其特区的有利条件，已不失时机

地走到了第二步。

（二）亟须明确和整合政府全面的国土规划权，建立规范有序的土地流转机制

城乡统筹发展战略已提出多年，但国内不少地方仍存在"城市总体规划""乡镇总体规划"与"村庄规划"三规不接轨、不交合，甚至相互矛盾的情况。市、区县在做村庄规划的时候，把农村应得的土地指标拿出来用作城市建设，真正到了新农村建设和小城镇建设时，却没有用地指标了。一些应当作为建设用地规划的地块，并没有纳入规划范围，影响土地资源价值的发挥。即使是规划为建设用地的地块，往往由于难以获得相应的建设用地指标，"走正门"开发不了，利益驱动"倒逼"式形成为数可观、实际法律上无法给出产权证书的"小产权房"。深圳的可取之处，就在于其是在单一国有平台上，有了政府的通盘规划之后，有效发挥政府应有职能，在终极产权统一化、清晰化大前提下，面对历史遗留问题，承认利益差异，分类整合，动态优化，因地制宜，循序渐进地消除矛盾，最终可望归于全面国有的规范化局面，而达到长治久安。当然，深圳作为经济特区，地理位置和制度政策都比较特殊，得改革开放风气之先，城镇化进程起步早、发展快，相对于现有1000多万名实际常住人员，原有住民的规模仅27万余人，占比甚低。当其土地早在20世纪90年代初就已实现市域内全部国有之后，逐步兑现原有住民土地权益再归于彻底的实质性国有化，相对容易。其他地方有不同情况，需要因地制宜地进行探索和动态优化。但最终目标是一致的，深圳的思路可望最终变成各地（首先是大城市）迟早的选择。现阶段，即可以把明确和整合政府部门的土地规划权作为切入点，进而发展规范有序的土地流转机制，在政府通盘规划下，让市场充分起作用来实施土地利用优化。

（三）以发展的办法在"做大蛋糕"中实现产权明晰，权益兑现，建立利益共享机制而最终归入一体化

与土地相关的利益能否合理分配，协调各相关方，是解决土地问题的核心。进入第二步，无论怎样让原农民和原集体兑现利益，都需要在国有大平台上进行，并

不是简单的概念上的"同地同权"实现过程，而是一个各方利益寻求可接受的平衡，虽不可避免地具有"讨价还价"机制特征，但从长远看利益分配较公平且更加兼顾全局的过程。深圳市在统筹考虑城市、集体、村民等多方发展诉求的基础上，充分运用规划、土地、金融、财税等多元手段，实事求是地形成了"依现状明晰产权"及"以利益共享推动产权明晰"相辅相成的改革思路，采取结合城市更新、土地整备、入市流转、生态保护与发展等，设计渐进改革措施，以发展的办法在城镇化推进中"做大蛋糕"，即在不断扩大总利益规模（这会得到城镇化过程的支撑——做大可分的蛋糕，当然是得力于城镇化带来的土地溢价等）之中，实现利益共享，消化相关矛盾，化解历史遗留问题。具体处理中，以"政府与社区算大账"，再由"社区与利益相关人算细账"的双层谈判机制，巧妙地调动了社区的积极性和管理潜能，使政府相对超脱，新局面、新境界的形成相对平顺。这些做法对其他地区具有启发意义。我国在推动城镇化和工业化发展的过程中，其所蕴含的人口高密度聚集、人力资本培养、收入提高、消费提升，进城农民生活方式和社会地位的"市民化"改变，以及基础设施和公共服务的不断升级换代等因素，将成为我国经济增长和社会发展的持久内生动力，因此，我国具备在这方面"做大蛋糕"的底气和本钱，一旦有了国有大平台，应积极探索建立合理的土地利益分配和共享机制，结合历史遗留问题的消化方案，最终可落实到一个规范的土地单一国有制上。这是一个可前瞻的"一体化"远景，有利于在中国特色社会主义市场经济的发展中，破解土地制度难题，减少社会矛盾，促进社会和谐，达到总体的土地"涨价归公""长治久安"局面。

（四）深化户籍制度、社保制度等改革，推动实现农民市民化，最终实现城乡居民一视同仁的"国民待遇"

城镇化既是我国现代化建设顺应历史潮流的发展任务，又是扩大内需、形成发展动力源的最大潜力所在。城镇化进程中，关键要解决城乡所有居民的"国民待遇"问题，即推进基本公共服务均等化。2013年我国城镇化率已达53.7%，但是城镇户籍人口占总人口的比例却只有38%。大量的农民工实现了地域转移和职业转换，但还没有实现身份和地位的转变。近2亿名生活在城镇里的人没有城镇户口和享有城镇居民待遇，很多农民工出现"就业在城市，户籍在农村；劳力在城市，家属在农村；收入在城市，积累在农村；生活在城市，根基在农村"的"半城镇化"现象。如果农民失去土地后相应的社会保障没有及时跟进，会导致失地农民既丧失了原来拥有土地所具有的社会保障因素，又无法享受与城市居民同等的社会保障权利。这对促进城乡要素流动、引导农业人口转移和激发经济活力都会产生较大制约并最终会妨害长治久安。

党的十八届三中全会明确提出："坚持走中国特色新型城镇化道路，推进以人为核心的城镇化。"为此，政府应着力打造包括就业、养老、医疗、住房和教育在内的社会保障体系，为农民市民化消除障碍，逐步实现城乡居民"国民待遇"，最终达到"一视同仁"。深圳市对城市化后城市管理、户籍和计划生育、社会保障和劳动就业、学校教育等进行了积极妥善安排，同时划定了非农建设用地、征地返还用地、支持发展用地等多种农村区域的原有住民"留用土地"，进一步保障和扩展了原农村集体经济组织和原农民的权益，有效地使深圳原农村集体经济组织和原农民分享改革开放红利。这些做法也十分值得其他地方借鉴。第一，在户籍制度改革上，不把获得城市户口与放弃原农村土地权利直接挂钩，逐步消除户籍人口与非户籍人口之间的不平等待遇和差距，还原户籍的人口登记功能，将户籍与福利脱钩。第二，促进"农民工"在城镇稳定就业，合理稳定提高其工资水平；逐步实现教育医疗等基本公共服务由户籍人口向常住人口全覆盖；建立覆盖农民工的城镇住房保障体系，促进农民工在城镇落户定居；建立覆盖农民工的社会保障体系，提高覆盖面和保障水平。第三，完善城镇公共服务能力的提升和公用事业的扩容。政府是城镇化的规划主体，财政是政府处理城镇化问题的公共资源配置的主要手段。因此，在新型城镇化进程中，结合土地制度应按照财政的内在逻辑和职能，消除我国财政分配的二元特征遗存、构建"一元化"公共财政，以有效化解城乡二元结构，形成走向"市民化"为核心的城乡一体化财力支持后盾。当然，深圳现阶段在单一国有土地所有权平台上的突破，最明显地惠及了原有住民，更多外来打工者的基本公共服务均等化，需允许有更长的时间来渐进做到位。

(五)以实质性推进的公权体系配套改革来保障"土地单一国有制"状态下的公平正义：公权入笼、民主法治

政府辖区土地如按单一国有制大平台确立其所有制，固然有前文所分析论述的必选缘由、与市场经济的统一规范要素流动客观需要及中国特色社会主义市场经济内在追求的"共同富裕"机制的内洽性等值得肯定之处，但也无可回避地要面临确有理由的怀疑、否定视角的诘难：实际生活中以"国有"名义引出的公权扭曲、过度干预、设租寻租等种种弊病，是否会由此更加严重、变本加厉？

这是一个人类社会中一直在探究、在中国改革深水区尤显沉重的话题：怎样有效地实现合理、规范的公权约束，"把权力关进制度的笼子"？

土地国有制，各国都有，只是多少不同。远景上把我国集体土地所有制取消而"大一统"式归入深圳的"单一国有"平台，并不改变原土地制度中"国有"部分的制度安排，但灭失了我国原土地制度中"集体所有"部分的"自治""自由裁量"空间，也就等于在达成一次性利益分配方案（可分期兑现）之后，取消了基层的种种原来实际可用的"分权""分益"空间，土地利用和管理的规范性在未来固然可望大大提升，但是否"国有"平台上的规范性所掩盖的种种弊病，也会一并扩大了其"势力范围"？

我们认为，回答这种诘难的关键点，就在于我们能否按照十八届三中全会、四中全会的规划部署，实质性地推进经济、行政、政治、社会的全面改革和全面的法治化、民主化进步过程，有效提高"国有制"的健康度。

集体"小圈子"里的权，似也有别于严格的私权而属某种"公权"，但属于非政府的集体经济组织的民事权；一旦到了"国有全民、全社会"概念下的权，则可以是严格意义上的公权，并有种种可能在国有大平台上把其经济权能与政治权能结合，使政府之手越界、政府之弊膨胀，负面表现就会是行政上官僚主义、经济上过度干预、司法上枉法不公，这些社会中早已有之的弊病，在我国土地制度改革的视角之下，如理性地评说，并不能成为拒不考虑集体土地所有制未来改革的理由，毋宁说应成为在认识"排除法"引出的归于国有这个未来唯一选项之后，使我们义无反顾

地推进中国实质性改革的激励。土地制度改革是全面配套改革和渐进改革的重要组成部分，改革如愿取得其应有的正面效应的寄托和保障，在于进入深水区后真正的攻坚克难，引出有效的民主法治政治文明的公平正义社会环境，使"公权入笼"、公众事务决策通过合理的制度机制落实于"主权在民""走向共和"。如能入此境界，政府牵头的国土开发的规划与管理、执行，应能够在制度依托上长效优化，即实现土地开发利用中"涨价归公"取向下的公共利益最大化可持续机制，相关的权益纠纷，能够在良法体系中得到合理的化解，社会成员能够在预期上消除对"司法不公""选择性执法"等的恐惧，如此等。因此，需要强调，本报告讨论中形成的关于"国有平台，整合分类，权益求平，渐进归一"的思路性基本认识，必须归结到、融合于全面、实质推进改革的联动诉求之中。

主要参考文献

［1］贾康，刘薇．以"一元化"公共财政支持"市民化"为核心的我国新型城镇化［M］//新供给：经济学理论的中国创新．北京：中国经济出版社，2013．

［2］周其仁．城乡中国［M］．北京：中信出版社，2013．

［3］华生．城市化转型与土地陷阱［M］．北京：东方出版社，2013．

［4］文贯中．吾民无地：城市化、土地制度与户籍制度的内在逻辑［M］．北京：东方出版社，2014．

［5］张千帆．农村土地集体所有的困惑与消解［J］．法学研究，2012（4）．

［6］陈龙．新一轮土地制度改革的框架性设计与政策要点［N］．中国经济时报，2014-03-31．

［7］财政部财政科学研究所，北京财政学会联合课题组．新型城镇化进程中农民土地权益保障研究［R］．2004．

专题报告3

农民工市民化过程中的制度冲突与协调
——以城乡二元制度为例

一、引言

在实践中,尽管我国中央政府和地方政府对农民工市民化的制度创新十分重视,并将其提升到科学发展观、构建和谐社会,以及统筹城乡发展的战略高度。因而从劳动力自由流动就业的层面看,已经几乎不存在制度性的障碍。但是,从农民工市民化的层面看,农民工市民化率提高的速率并没制度创新的进展那么快,制度创新的实际效果并不明显。这似乎成为制度创新的"创新—效果悖论"。为什么会造成这种局面,或制度创新的实际效果不理想的原因是什么,这是农民工市民化及其制度创新中必须解决的重大理论问题和现实问题。

对于这一问题,青木昌彦似乎早有预料。他在集大成的著作《比较制度分析》一书中专门强调了他的新制度观(博弈均衡制度观)适合于制度分析的五个理由,指出了制度关联和相互依赖对实施效果的意外影响[①]。他认为制度之间是彼此关联的,经济作为一个整体就是相互依赖的制度之间稳固而连贯的整体性安排;但是制度化

[①] (日)青木昌彦:《比较制度分析》,上海远东出版社2001年版。

关联和互补关系为整体性制度安排抵御来自域内外的变化提供了一定的耐久性，使之成为经济发展的障碍；同时它们也影响着制度沿特定方向的演化。一项新制度的实施之所以在一定的经济、政治和社会背景下经常会产生意想不到的后果，一个主要原因是该制度和现存的制度环境之间缺乏必要的"耦合"。这说明，只有相互一致和相互支持的制度安排才是富有效率和可维系的，否则就会造成制度之间的冲突。

  制度风险理论则进一步解释了制度冲突的后果，即产生制度风险。真正的制度风险是反身性的制度风险，即是制度自身被预期的功能出现偏差而产生的不确定性[①]。美国社会学家默顿（Merton R.K.）关于社会结构"功能复杂性"的理论，既阐明了制度风险的实际存在，更昭示出制度出现功能偏差的具体形式。德国社会学家乌尔里希·贝克（Ulrich Beck）认为"现代性"制度潜在的副作用带来了风险社会。安东尼·吉登斯（Anthony Giddens）对社会风险的阐述也隐含着制度风险的存在[②]。制度风险的存在基础是制度与相关的其他正式制度或相应的非正式制度之间的冲突，只要在同一场域内存在某种与制度不协调的正式或非正式制度，风险就可能发生。制度风险的发生还有意识层面的客观性根源，即理性的有限性。哈耶克在批判理性主义专断的同时，触及理性有限性及其导致制度风险的可能[③]。他认为由于人类理性的有限性，任何单一的个人或组织都无法掌握全部知识，作为理性设计产物的制度建设，自然不可能达到在个体的自利行为激励下，通过自发的制度创新与演变而形成制度所具有的效率。安东尼·吉登斯在《社会的构成》一书中，从结构二重性理论出发，对在社会结构的制约性与行动者的反身性监控所连接的结构化过程中，行动的意外后果和社会的突生结构如何产生的理论阐述，也表达了人类理性的有限性对制度风险生成的根源性作用[④]。

  然而，在中国，存在于农民工市民化过程中的制度关联、制度冲突和制度风险问题却还没有引起学术界的重视。本报告就是要运用制度关联理论和制度冲突理论

[①] 李文祥：《社会建设中的制度风险与制度协调》，《天津社会科学》2007年第3期。
[②] （英）安东尼·吉登斯：《社会的构成》，上海三联书店1998年版。
[③] （美）哈耶克：《致命的自负》，中国社会科学出版社2000年版，第86页。
[④] （英）安东尼·吉登斯：《社会的构成》，上海三联书店1998年版，第449页。

尝试分析中国农民工市民化过程中的制度关联、制度冲突及制度冲突的协调。由于农民工市民化的制度障碍主要归结于城乡二元制度，城乡二元制度创新是整个制度体系创新的核心和重点。因此本报告仅分析城乡二元制度的制度关联、冲突与协调[①]。

二、农民工市民化过程中的制度关联

从以上理论分析可见，任何制度都不是孤立存在的，都不同程度地与制度环境或制度体系中的其他制度存在一定的制度联系和相互依赖。城乡二元制度作为一套制度体系，内部各子制度之间必然存在着有机的联系。在农民工市民化进程中，各种子制度创新和制度安排都是以农民工市民化为目标、以对市民化意愿和市民化能力的影响为中介而潜在地相互联系。而且，随着农民工市民化的日益迫切，这种制度联系还将在广度上和深度上日益拓展。城乡二元制度内部各子制度之间联系形式主要包括嵌入性关联、互补性关联、中介性关联三种。

（一）嵌入性关联

制度嵌入是指一种制度嵌入另一种制度之中，并以后者为基础运行和产生制度效果。在城乡二元制度体系中，制度嵌入的情形是很常见的，主要有以下两种。第一，土地制度、就业制度和社会保障制度嵌入到户籍制度之中。这样，前面的三种制度就以户籍制度为基础，具有不同户籍的人就享有不同的权利和待遇，如农村居民拥有土地承包权及由土地承包权带来的收入和福利；城镇居民拥有有保障的就业权及由就业权带来的收入和福利；社会保障制度也被划分为二元结构，农村居民和城镇居民分别参加农村和城镇的社会保障体系。随着农民工的出现和市民化的推进，虽然出现了第三元，但城乡二元结构的整体框架和这种制度嵌入方式没有发生根本

---

① 实际上，城乡二元制度的制度关联、冲突与协调包括城乡二元制度作为一个整体与其制度环境的关联、冲突与协调，本报告讨论的范围仅限于城乡二元制度内部四个最重要的制度，即城乡二元户籍制度、社会保障制度、就业制度和土地制度。

的变化，只是使城镇内部的就业制度和社会保障制度出现了新的二元性体制。第二，在上述制度嵌入的基础上，还存在着农村社会保障制度嵌入土地制度，城镇社会保障制度嵌入就业制度的情形。在传统计划经济体制中，农村和城镇的社会保障制度都很不完善，农民的社会保障主要靠土地来提供，城镇居民的社会保障主要由就业来提供。

（二）互补性关联

一般来说，一种制度往往只能是单个域的行为规范，因此只有不同域的制度彼此配合才能协调参与人在不同域的行为和决策。在制度互补情况下，一种制度就成为另一种制度的参数或制度环境。在城乡二元制度体系中，四个子制度彼此之间存在着制度互补。如户籍制度主要是户口登记和户籍管理中规范人的行为，土地制度主要是调节农民的土地利益关系，就业制度主要是在劳动力市场起到规范作用，社会保障制度主要保障居民的基本生存权利。在农民工市民化过程中，单靠其中的任何一种制度都无法使农民工做出市民化的决策，只有四项制度以其互补性发挥整体功效，才能使农民工愿意并有能力成为市民。

（三）中介性关联

上述两种关联方式都是制度之间直接发生的关联，中间不通过第三方。中介性关联则与之不同，两种制度之间要以第三方为中介才能发生关联。其中第三方可以是一项制度、一个组织、一种利益关系，也可以是一种共同的目标、一种行为等。在农民工市民化进程中，城乡二元制度内部子制度之间会因有利于市民化的共同目标而联系得更加密切。此外构建和谐社会和落实科学发展观的执政理念、经济体制的转轨、宏观经济形势的变化等都可能会使各项子制度之间建立新的关联。

三、农民工市民化过程中制度冲突的主要原因

城乡二元制度内部的制度关联为制度冲突提供了可能。在农民工市民化制度创

新过程中,由于制度创新目标选择、创新进程的快慢、阶段性重点的定位及创新的地区差异都会扭曲或破坏城乡二元制度内部的制度关联,造成制度冲突。

(一)制度创新目标选择的冲突

实际上,不仅制度是协调利益关系的重要设置,而且制度创新的根本动力也来自对潜在利润的追求,是利益集团博弈的结果,因而制度冲突的根源即在于由于制度安排的不当造成的利益冲突。实际上,城乡二元制度体系内部各项子制度分别体现了不同域的利益关系,而不同域中的利益关系不仅具有不同的内容和性质,而且对各个主体来说也具有很大的差异。例如,就户籍制度来说,适应农民工市民化要求的制度创新的目标是放开户籍限制,建立允许人口自由迁移的人口登记和人口管理制度。随着人口的自由迁移,农民和农民工将实现自由迁移,并可能获得其他平等权,因此在短期将增加其净收益,但在长期内,随着城乡一体化的推进和城乡差距的缩小,这种潜在的净收益将趋于下降;中央政府将因此获得广大农民和农民工的广泛拥护和人民政府的荣誉,从而获取极大的政治利益。由于人口的自由流动,中央政府还将实现劳动力资源的优化配置,实现经济发展(包括财政收入增长)和社会进步。而且短期净收益也大于长期净收益;迁出地政府也能获取较大的经济利益和政治利益,但迁入地在短期内将只能获得政治利益,经济利益却难以获得,但在长期内经济利益也能够增加;市民主要关注他们的就业、收入及生活质量(包括生活空间、生活设施)会不会因户籍放开而受到影响。从短期看,可能会造成负面影响,但长期看,负面影响将逐步消除;单纯户籍的放开对企业利益基本上没有影响。其他制度创新对不同主体的目标函数和净收益也有着不同的影响。表1列出了不同子制度的创新对各个主体的目标函数和净收益的影响。从中可以看出,不同子制度的创新对各个主体的目标函数和其净收益的影响具有显著的差异。由于这些差异的存在,不同制度创新的目标选择就难免存在冲突。

表1　不同子制度的创新对各个主体的目标函数和净收益的影响

主体		户籍制度	土地制度	就业制度	社会保障制度
农民和农民工	目标函数	自由迁移，各项平等权	土地收益增加，割裂与土地的关系	平等就业和收入增长	平等社会保障权
	影响强弱	短期：++ 长期：+	短期：++ 长期：+	短期：++ 长期：+	短期：++ 长期：+
中央政府	目标函数	经济发展和收入增加；政治利益	财政收入增加；政治利益	经济发展和收入增加；政治利益	财政支出增加；政治利益
	影响强弱	短期：++ 长期：+	短期：- 长期：+	短期：++ 长期：+	短期：- 长期：+
地方政府	目标函数	迁出地：财政收入增长；政治利益 迁入地：财政支出增加；政治利益	迁出地：土地收入下降；政治利益 迁入地：无	迁出地：就业压力下降，收入增长 迁入地：就业压力增加；政治利益	迁出地：财政支出下降； 迁入地：财政支出增加；政治利益
	影响强弱	迁出地：短期，++；长期，+ 迁入地：短期，-；长期，+	迁出地：短期，-；长期，+ 迁入地：无	迁出地：短期，++；长期，+ 迁入地：短期，-；长期，+	迁出地：短期，++；长期，+ 迁入地：短期，-；长期，+
市民	目标函数	就业、收入及生活质量影响	无	就业、收入影响	无
	影响强弱	短期：- 长期：+	短期：0 长期：0	短期：- 长期：+	短期：0 长期：0
企业	目标函数	无	土地成本支出增加	工资成本支出增加，社会利益	非工资性成本增加；社会责任
	影响强弱	短期：无 长期：无	短期：- 长期：+	短期：- 长期：+	短期：- 长期：+

说明：①+、-分别代表正面影响和负面影响，++、+，--、-代表影响的强弱。

②短期是指准市民化阶段，长期是指完全市民化阶段。

(二) 制度创新进程快慢的冲突

城乡二元制度创新的整体方向是一元化，但实际进程却有快有慢。造成制度创新进程快慢的主要原因有两个方面：一是，城乡二元制度创新的方式主要采取了诱致性和渐进式的方式。如果制度创新采取的是强制性和激进式的方式，整个制度的创新在很短的时间内迅速完成，就不会造成不同制度的快慢之分。而诱致性和渐进式的方式就在客观上为不同制度创新速度的快慢提供了可能。因为，在这种方式下，制度创新要先由制度环境或经济形势的变化导致民间形成制度创新的要求，再由政府进行试点，试点成功后再由政府制定新的制度进行推广和实施。在这些环节中，不同制度的创新的需求程度不同，政府的重视程度不同，试点的进程和效果不同，以及政府制定新的制度和组织制度实施的速度也可能不同，所以这种制度创新方式就必然会造成制度创新过程的快慢之别。二是，不同制度涉及的利益主体不同，利益主体的利益关系的复杂程度和矛盾大小不同，从而利益协调的难度和博弈结果就不同。这是形成不同制度创新快慢的主观原因。户籍制度涉及创新主体的经济利益不显著，即使对农民和农民工、中央政府、地方迁出地政府的经济利益有影响，但几乎是积极的正面影响，而且作为制度创新最重要的推动者和组织者，中央政府和地方政府都还能从户籍制度创新中获取较大的政治利益，所以户籍制度创新的阻力较小，从而一直是最快速的。土地制度创新虽然涉及的主体最少，只涉及农民和农民工、中央政府和迁出地政府，但是由于制度创新对政府经济利益的负面影响巨大，又是在组织化程度最小、势力最弱的农民、农民工和组织化程度最高、实力最强的政府之间的博弈，加之农村土地所有权的模糊和承包权弱化的制度产权缺陷，农民和农民工更无法在制度创新中发挥应有的作用，结果农村土地制度创新进程反而比较缓慢。同样，就业制度和社会保障制度的创新也因利益主体在制度博弈中的力量不对等而进展缓慢。

然而，由于很多地方的户籍制度已经与土地制度、就业制度和社会保障制度等具有实质性福利的制度相脱离，赋予农民工城镇户口显然不能为农民工（或准市民、新市民）带来实质性的福利待遇，所以很多农民工对于是否取得城镇户口并不像制度创新者设想的那样在意。因此，可以预测，在其他具有实质性的制度尤其是就业制度和社会保障制度没有发生重大创新之前，制度创新的冲突就会持续下去，不仅使农民工市民化的意愿难以提高，而且使农民工市民化能力也难以提高，从而农民工市民化状况就难以有所改观，制度创新的整体实效就难以提高。

（三）制度创新阶段性重点定位的冲突

在城乡二元制度体系中，户籍制度是核心，其他制度主要是嵌入户籍制度之中的。因此，这些制度对农业剩余劳动力转移的影响方式是不同的。其中，城乡户籍制度构成了农业剩余劳动力转移的第一道障碍，这是显性的、形式化的障碍；土地制度、就业制度、社会保障制度构成了农业剩余劳动力转移的第二道障碍，这是隐性的、实质性的障碍。但是，在不同的阶段，这些制度的作用，在制度创新的侧重点是不同的。在农业剩余劳动力转移的第一阶段，城乡户籍制度的形式化障碍的影响更大，而在农业剩余劳动力转移的第二阶段，即农民工市民化阶段，土地制度、就业制度、社会保障制度隐性的、实质性的障碍影响更大。所以在第一阶段，应该以户籍制度创新和取消以户籍制度为基础的行政门槛为重点；在第二阶段，就应该以土地、就业、社会保障制度创新和消除农民工市民化的经济门槛为重点。在实践中，却存在均衡用力，甚至选错了制度创新重点。如第一阶段的制度创新基本上选对了重点，在户籍制度创新和消除行政门槛方面取得了重要突破，基本上为农业剩余劳动力第一阶段的转移清除了制度障碍。但是，在第二阶段，很多地方的制度创新重点仍然放在户籍制度方面，甚至将给予农民工城镇户口和农民工市民化画等号，而在其他关键制度的创新上重视不够，导致这些制度创新进展不大甚至停滞不前。

（四）制度创新地区差异的冲突

由于我国地域广阔，地区经济发展差距明显，我国目前的城乡二元制度创新主要是在国家宏观指导下由地方推动和实施的。但是，由于各个地方在经济发展程度、人口压力，地方政府和企业承担市民化社会成本的能力等方面存在着很大的差异，这样就在客观上造成了不同地区尤其是经济发达地区和经济欠发达地区、大城市和小城市、迁入地和迁出地之间的制度差距和制度冲突。

第一，从经济发达程度看，经济发达地区的就业机会较多，政府财政较为充裕，企业发展较快，盈利能力也较强，从而政府和企业对市民化的社会成本支付能力较高，再加上经济发达地区对劳动力的需求大，如果不能妥善解决农民工市民化问题，农民工会选择"用脚投票"，造成当地劳动力供给不足（如2004—2005年的"民工荒"），影响当地经济发展，而且不善待农民工可能还会面临一定的道德谴责和来自中央的压力，这些情况都会为发达地区阻碍市民化制度创新造成较高的代价。因此经济发达地区的制度创新进程相对更快。而经济欠发达地区的就业机会较少，政府财政较为紧张，企业发展缓慢，盈利能力也较低，从而政府和企业对市民化的社会成本支付能力较低。因此，相对于经济发达地区，欠发达地区的制度创新进程较为落后。

第二，从城市大小看，一般情况下，中小城市和乡镇的制度创新进程要领先于大城市的制度创新。尽管从市民化制度创新的经济净收益看，大城市与中小城市和乡镇相差不大，而且大城市支付农民工市民化的经济成本的能力更高，因此大城市的制度创新应该领先于中小城市和乡镇。但是，由于大城市的就业机会较多、收入水平、社会福利和社会保障水平较高、基础设施较为完善，大城市的拉力要远远高于中小城市和乡镇。如果大城市的制度创新领先于中小城市和乡镇，率先允许农民工市民化，那么将有大量的农民工涌入大城市，这将使大城市面临很大的人口压力、交通压力、基础设施压力、环境保护压力，对城市承载力构成了严峻的挑战。因此，在现实选择中，大城市一般不敢在制度创新上领先于中小城市和乡镇。相反，中小城市和乡镇面临的上述压力要小得多，城市扩容的空间也较大，而且中央政府也希望先在中小城市和乡镇进行试点，待条件成熟后再推广到大城市。所以，中小城市和乡镇的制度创新进程相对更快。

第三，从迁出迁入地看，情况较为复杂。从理论上讲，以迁出为主的地区，市民化压力不大，而且还能从迁出农业劳动力的市民化中获取更大的外部性收益，如迁出农业劳动力的汇款，返乡创业等都能够带动迁出地的经济发展，因此以迁出为主的地区应该在制度创新中更加主动；而以迁入为主的地区，市民化压力较大，制度创新的阻力应该更大。但是，从制度创新的实践看，情况刚好相反，以迁入为主的地区的制度创新却快于以迁出为主的地区。其中可能的原因是，以迁出为主的地区往往是经济欠发达地区，以迁入为主的地区往往是经济发达地区，而经济发达程度可能对制度创新的影响更大一些。

四、农民工市民化过程中制度冲突的主要表现

（一）户籍制度与嵌入其中的就业和社会福利性制度的冲突

在传统城乡二元制度中，户籍不仅具有普通的户口登记和人口管理的功能，而且还具有身份划分及由身份划分而形成的权利和待遇的分配功能。因此，户籍制度成为整个城乡二元制度体系的核心制度安排，而其他制度如社会福利性制度（包括土地制度[①]、就业制度、社会保障制度、教育制度等）则成为嵌入户籍制度的制度安排。

当前，由于户籍制度的创新进程较快，很多地方已经打破了城乡户籍的界限，实行城乡统一的户籍制度，但由此带来了不容忽视的问题是：一方面，统一了城乡户籍，农民工获得了城镇户口；另一方面，嵌入户籍制度的其他福利性制度却没有跟上，如就业歧视和城市劳动力市场分割状况依然存在，农民工社会保障与城镇职工的社会保障存在较大差异。这样，农民工虽然取得了城镇户口，但并没有取得与城镇居民相同的权利和待遇，所以他们取得的城镇市民身份也与原有市民有着很大的区别，如有的地方将其有区别的称作"准市民"或"新市民"。从而实际上又在城镇形成了新的二元结构和二元制度。

新的城乡二元制度提出了一个新的问题，即农民工和城镇居民的户口统一之后，原来以户籍划分为依据的城乡居民（主要是农民工和城镇居民）的权利和待遇该如何分配呢？解决这一问题的方案不外乎三种思路：一是取消城镇居民的特权，实行平等的国民待遇，这样城乡户口自然就不再拥有人为赋予的特殊权利和福利，人人

[①] 这里将土地制度作为社会福利性制度，因为在城乡二元制度下，城镇居民获得了就业和社会保障等，而农民只获得了土地，所以土地不仅是农民的生产资料，也是其最主要的福利和社会保障。

享有平等的国民待遇；二是继续保持现有的城乡居民差别性的权利和福利，但对农民工市民化采取门槛限制，只有符合条件的农民工才能取得市民身份，并享有与原有城镇居民相同的权利和福利；三是剥离户籍制度的社会福利功能，并逐步降低城乡居民权利和福利差别，户籍制度只保留其应该具有的人口登记和人口管理功能，其他就业和社会福利功能分别由就业制度、土地制度、社会保障制度等相应的制度分别承担，即要通过户籍制度与社会福利性制度的"脱钩"，实现户籍制度与社会福利性制度的相对独立运行。

第一种方案看似简单有效，实际上会由于城市社会既得利益集团的反对而不可能实现，至少在短期内不可能实现。

第二种方案承袭了传统城乡二元分割制度的基本思路，是目前很多城镇的通行做法，但随着政府执政理念的转变和统筹城乡发展和城乡一体化的推进，这种方案明显不再符合时代要求，也会受到广大农民和农民工的强烈反对，因而将变得越来越不可行。

第三种方案应该是今后城乡二元制度创新的目标和方向，但这一方案本身就体现了户籍制度与社会福利性制度的矛盾和冲突，而且这一方案本身也具有很大的难度，在短期内很难理顺户籍制度与社会福利性制度的关系。因此，户籍制度与社会福利性制度的矛盾和冲突还将在一定时间内继续存在。

（二）社会保障制度与土地制度、就业制度的冲突

社会保障制度的主要社会功能和创新目标就是要为每个公民提供公平的社会保障。而土地在土地改革以来就承担着农民的社会保障功能；传统的城镇就业制度不仅为城镇职工提供了就业岗位和主要的收入来源，也承担着城镇职工的社会保障。因此，社会保障制度与土地制度、就业制度虽然是不同域的三项不同的制度，但它们的功能却发生了重叠，如果处理不当，就难免发生冲突。

为了适应农村劳动力转移和农民工市民化的要求，社会保障制度与土地制度、就业制度都在不断创新中。其中，农村土地制度除了创新土地产权制度之外，重点强调了农村土地的流转制度和征地制度的创新，试图加快土地流转、规范征地过

程、提高征地补偿标准,逐步祛除土地的社会保障功能,割断农民工与土地的联系,促进农民工市民化。同时,城镇就业制度创新中也实施了打破"铁饭碗"和"大锅饭",逐步将就业与社会保障剥离开来。与此同时,社会保障制度也开始逐步建立起来,目前,城镇已经建立了比较完善的社会保障制度,农村社会保障制度也在建立和完善之中,并且有些地方还根据农民工的特点着手建立农民工社会保障制度。

然而,从整体上看,社会保障制度与土地制度、就业制度的创新进程很不协调,在一定程度上造成了制度冲突,其主要表现是农民工社会保障制度创新的滞后性。一方面,随着土地收入占农民和农民工家庭收入比重下降,农民和农民工家庭的无地现象和土地集中的规模经营,土地的保障功能呈现下降的趋势在一定程度上弱化了,造成农民和农民工最后一道防线的虚化[①];同时"铁饭碗"和"大锅饭"的打破,就业制度也失去了昔日的社会保障功能。另一方面,农民工社会保障制度却很不完善,不仅社会保障项目少、社会保障水平低,而且社会保险关系难以转移、社会保障门槛过高、地区差异显著,其结果必然造成"两低一高"的问题,即参保意愿低、实际参保率低、退保率高。这样,农民工在城镇就业,却既不能参加城镇社会保障,也逐渐失去土地的社会保障,农民工社会保障制度又很不完善,这就造成了社会保障制度与土地制度和就业制度矛盾和冲突,其结果不仅会直接影响农民工生存状况的改善和农民工市民化的推进,而且还会反过来制约土地制度和就业制度的进一步制度创新进程,进而导致农民工市民化制度创新的整体进程,又会反过来制约农民工市民化,如此恶性循环,使整个制度处于低水平的均衡状态。

五、协调农民工市民化制度冲突的基本思路和政策选择

(一)协调农民工市民化制度冲突的基本思路

化解制度冲突的基本方式可以分为事后补救与事前控制两种。事后补救是针对

---

① 梁鸿:《土地保障:最后一道防线的虚化》,《发展研究》1999年第6期。

制度创新造成的制度冲突后果，采取救援性的措施，使制度达到新的均衡状态，化解制度冲突。由于事后补救一方面将放任制度冲突的发生，以至牺牲制度效率，阻碍社会的发展与进步；另一方面将需要新的制度创新，以克服旧制度的低效率，从而会陷入因为创新制度继续带来冲突而需要继续创新制度的怪圈。事前控制却能预先考虑到制度关联和依赖关系，统筹兼顾，整体设计，就能最大限度地实现制度之间的协调，避免可能出现的制度冲突。因此，事前控制是化解制度冲突的最佳选择。再者，制度关联理论和制度风险理论都将制度之间关系的不协调视作制度冲突的主要原因，并一致提出了以整体性制度创新来作为加强制度协调，避免和化解制度冲突的观点。

因此，协调城乡二元制度内部冲突的基本思路应该是：通过利用现代社会科学与自然科学所积累的知识与技术，加强制度调研，全面、科学、客观地认识城乡二元制度内部诸制度的制度关联和相互依赖关系，准确预判各种可能的冲突，统筹兼顾，整体设计，最大限度地实现制度之间的协调，从制度创新的源头上消除制度冲突的可能性；同时，加强新制度实施中的跟踪和调研，及早发现制度冲突，并按照上述制度创新的要求及时进行事后补救，最终达到实现制度协调。

（二）协调农民工市民化制度冲突的政策选择

针对造成制度冲突的原因分别选择相应的对策。具体包括以下几方面。

1. 改革目标选择冲突的协调

一是要建立利益冲突协调机制，包括利益表达机制、利益协商机制、利益获取机制和利益补偿机制等，以缩小不同利益主体的制度创新净收益的差距，协调利益差别，从而减小冲突的程度；二是要充分发挥政府在改革中的作用，确保制度公正。在改革目标选择中，政府必须要发挥其作为全局利益的代表者、协调者，从全局出发，统筹兼顾各方利益，确保制度不是服务于特权阶层，确保制度创新不为强势人群所左右，成为少数人维护和扩大自身利益的工具；三是要发展壮大公民社会，改变农民和农民工的弱势地位。

2. 改革进程快慢冲突的协调

在改革的过程中是有时滞的，也就是说在潜在利润出现和使潜在利润内部化的制度创新之间存在一定的时间间隔。中国的改革是一种渐进式改革。因此，改革所经历的时间间隔可能会很长，而且时间间隔长短也会有很大的差异。如初级行动团体的形成基于潜在利润的发现，因此能否发现潜在利润，对潜在利润大小的判断，以及发现潜在利润所需要的时间成为制约形成初级行动团体的重要因素。新的改革方案的提出和方案的评估、选择也可能会因认知方面的原因而需要很长的时间。再者，各个过程的转换和衔接单纯靠民间力量和地方政府与组织可能也需要更长的时间。因此为了缩短时间间隔，需要中央政府发挥其组织和引导作用，如帮助潜在利润的发现，参与新的改革方案的提出、评估、选择和实施，并且尽快推动各个过程的转换和衔接。

3. 改革阶段性重点定位冲突的协调

首先，要根据社会经济发展状况、农民工市民化所面临的主要制度障碍、城乡二元制度各项子制度利益关系的复杂程度及其在城乡二元制度体系中的地位和作用，明确不同阶段的改革重点。其次，要处理好重点制度的改革与其他制度的关系。由于城乡二元制度内部子制度的制度关联性和相互依赖性很强，因此在某个阶段除了需要对重点制度的改革外，还需要其他子制度的配套改革，这样才能推进城乡二元制度的整体性改革，避免制度冲突。最后，要加强阶段性重点制度改革的更替和切换。当社会经济状况发生了变化，劳动力转移、农民工市民化的任务或阶段发生了转换，制度创新的重点也要随之更替和切换。

4. 地区差异冲突的协调

一是要加强对地区利益差异的协调。这包括通过制度的整体性设计，尽量从制度上协调地区的利益诉求，以及在制度设计之外对受损的地区进行利益补偿，最终达到利益的基本平衡。二是要加强中央政府的统一规划、指导和监督。三是要加快欠发达地区经济发展，缩小地区发展不平衡。

主要参考文献

[1] 安东尼·吉登斯. 社会的构成 [M]. 上海：上海三联书店，1998.

[2] 青木昌彦. 比较制度分析 [M]. 上海：上海远东出版社，2001.

[3] 哈耶克. 致命的自负 [M]. 北京：中国社会科学出版社，2000：86.

[4] 李文祥. 社会建设中的制度风险与制度协调 [J]. 天津社会科学，2007（3）.

[5] 梁鸿. 土地保障：最后一道防线的虚化 [J]. 发展研究，1999（6）.

[6] Merton RK. Theoretical Sociology [M]. New York：Free Press，1967：115.

[7] Ulrich Beck. Risk Society: Towards a New Modernity [M]. Cambridge: Polity Press，1992.

专题报告4

新型城镇化进程中行政体制创新研究
——以成都为例

成都地处西南，是四川省省会。2003年以来，成都市积极推动城乡统筹改革，在土地、户籍、金融、基本公共服务、城市建设、规划、农村治理等方面取得了令人瞩目的成绩。如果以常住人口计算，2012年成都市人口达到1417.78万人，人口城镇化率达到68.4%，2013年，全市常住人口1429.8万人，人口城镇化率达69.4%，是四川与中国西部城镇化水平最高的地区。在经济社会发展取得长足进步的同时，成都市面临着创新行政体制、适应并推动城镇化发展的巨大压力，生动地说明了新型城镇化进程中，需要及时调整行政体制这一上层建筑以适应经济基础发生的巨大变化。

一、成都市的基本情况

成都是国家经济与社会发展计划单列市、我国西南地区的科技中心、商贸中心、金融中心和交通、通信枢纽；也是四川省政治、经济、文教中心。

成都市现有辖区面积1.21万平方千米，常住人口1604.5万人，户籍人口1435.3万人。按现行行政区划设置，成都市共有11个区、5个县级市、4个县。具体如下：锦江区、青羊区、金牛区、武侯区、成华区、龙泉驿区、温江区、新都区、青白江区、双流区（2015年12月新设），郫都区（原郫县）、简阳市、都江堰市、彭州市、邛崃市、崇州市、蒲江县、大邑县、金堂县、新津县。

二、改革开放以来成都城镇化的进展情况

（一）人口城市化水平快速提高

改革开放以来，成都城市化经历了从低速到快速的演变过程，城市化水平迅速提升。1978—2012年，成都市按户籍人口计算的城市化率从22.3%提高到61.1%，提高了38.8%个百分点，相应地，成都市户籍人口从806.06万人增加到1173.35万人。特别是2003年以来，成都实施城乡统筹战略、推进城乡一体化以来，工业化进程明显加快，城市综合功能显著增强，人口城镇化进入高速发展阶段，由此前的年增约0.6%上升到近年的2.5%。如果以常住人口计算，2012年成都市人口达到1417.78万人，人口城镇化率达到68.4%；2013年，全市常住人口1429.8万人，人口城镇化率达69.4%，是四川与中国西部城镇化水平最高的地区。与此同时，成都市农业人口迅速下降。1978年为628.6万人，到2012年已快速下降为456.63万人，减少171.97万人，减幅27.4%。总体而言，目前成都正处于城镇化的中期。

与此同时，成都市的城市建成区面积迅速扩大。1978年，成都市城市建成区共有57平方千米，2005年扩大到285平方千米，2012年扩大到515.5平方千米，分别扩大了5倍与9倍，2013年建成区面积增至528.9平方千米。随着人口的汇集，现已形成了以中心城区为核心，以成龙走廊、成青金走廊、成灌走廊、成温邛走廊、成新走廊和南部走廊为纽带，以多个城市组团为依托的城市空间发展格局。

（二）产业规模不断壮大，吸纳人口就业能力增强

目前，成都市基本形成了以高新技术产业为先导，以先进制造业和现代服务业为核心，以现代农业为基础的现代产业体系，产业规模不断扩大，非农产业对城镇化发展的支撑效应显著，吸纳人口就业能力明显增强。2000—2013年，全市非农

产业增加值由1040.4亿元增至8755.7亿元，占地区生产总值的比重由89.9%提升至96.1%；非农产业就业人数由316.6万人增至688.2万人，占全部从业人员比重由55.1%提升至83.3%。

（三）市域城市体系架构初步形成，郊区城市化进程加快

经过多年建设，成都现已初步形成了以中心城区（即一圈层）为核心，中小城市为节点，小城镇为依托的空间格局。现在正努力构建由中心城市（双核）—大城市（新型卫星城）—中等城市（新城）—小城市—特色镇—新型社区的梯次城镇体系。同时，成都郊区也正在走向城市化，这主要是由于工业外迁、零售业外迁所致。2012年，二圈层城镇化率达到58.3%，三圈层也接近40%。随着天府新区建设加速，各卫星城建设启动，这种趋势更加明显。

（四）城乡统筹再上新台阶，城乡一体化的格局基本形成

2003年，国家发改委批准成都为全国统筹城乡综合配套改革试验区。2003年以来，成都围绕统筹城乡，进行了多项重大改革创新：一是建立城乡一体规划的体制机制；二是大力推进农村产权制度改革；三是建立耕地保护补偿机制；四是推进农业农村投融资体制改革；五是积极探索生产要素在城乡之间自由流动改革试点；六是推进城乡一体的社会保障制度水平；七是推进村级公共服务和社会管理改革；八是构建城乡一体的公共服务和基础设施建设体制；九是推进新型村级治理机制改革；十是推进全域成都城乡统一户籍制度改革；十一是创新城乡一体的行政管理体制。这些创新改革有力促进了成都城镇化发展，实现了城乡居民人均可支配收入同步增长，城乡一体的就业体系逐步形成，城乡一体的社会保障体系基本形成，城乡发展走向和谐。现在，城乡统筹发展的体制机制框架初步形成，城乡一体化的格局基本形成。近年来，成都市统筹城乡的重心已进一步下沉到镇、村一级，在城乡规划一体化、城乡基础设施一体化、美丽乡村建设方面进行了很多重要的探索与创新，同时加快构建新型农业经营体系，发展以产权为纽带组建的股份合作社、资产管理公司和以龙头企业、农民合作社、家庭农场、专业大户等为主的新型农业经营主体。

新增家庭农场 1310 家，其中市级示范家庭农场 50 家；新增土地股份合作社、村集体资产管理公司 45 家；建成国家级、省级合作组织（合作社）各 29 家；培训新型农民 1.1 万人，分产业培训农业职业经理人 2500 人。积极推进农业经营方式创新。完善土地向新型经营主体流转的激励机制和风险防范机制，推进多种形式的土地适度规模经营。全市新增农用地流转面积 9.3 万亩（1 亩 ≈ 667 平方米），耕地流转面积 346.2 万亩，规模经营率达 54.1%。健全农业支持保护体系，建立"三农"投入稳定增长机制。

（五）城市功能不断增强，综合服务能力显著提升

随着城镇化程度的加深，近年来，成都市的城市功能与市政基础设施建设日新月异。一是城市道路、供排水、燃气等基础设施水平显著提升。二是污水处理、公园绿地等生态环境设施大幅改善。三是教育、医疗、文化体育、社会保障等公共服务水平和覆盖率明显提高。四是以经济适用房、限价商品房、公共租赁住房为主要内容的住房保障体系不断完善，城乡居住质量大幅提高。五是城市基础设施和服务设施逐渐向农村延伸，农村居民生活方式加快转变。

（六）小城镇建设正在有序推进

近年来，在推进新型城镇化发展的过程中，成都市除了加强主城区的建设，也积极推动有条件的重点镇向小城市发展，共启动了 34 个重点镇建设。2013 年，成都市重点镇建设总投资达 756 亿元，建成区面积达 147.3 平方千米，形成了特色鲜明、功能完善的城镇组团。同时，成都市还推动有条件的小城镇建成特色镇，先后启动了 174 个小城镇改造工作，完成总投资 207.3 亿元。新繁镇、西河镇和花源镇都是成都小城镇建设、推进就地城镇化的代表。2013 年 4 月，成都市选取了温江区作为试点城市，代表成都市争取进入国家中小城市改革综合试点。为此，专门制定了《成都市温江区国家中小城市综合改革试点方案》，提出了行政管理体制改革、户籍制度改革、土地管理制度改革等七个方面的改革重点，形成了《温江区开展中小城市综合改革的实施方案的目录清单》和《2014 年中小城市综合改革重点项目推进计划》。

据悉，国家发改委已将温江区正式列入了中小城市改革试点的名单。

未来5年间，成都市还将加快卫星城向"独立成市"的建设步伐。现在，成都已按照产城融合、职住平衡的发展要求，明确龙泉驿、新都、青白江、温江、双流、郫县（2016年改为郫都区）、新津、都江堰等8个卫星城的定位，如龙泉驿定位为汽车城，双流定位为临空产业城，都江堰为旅游休闲城。公共服务方面，将打造涵盖公园绿地、公共交通在内的十分钟便民服务圈；同时，规划、土地、财税政策也将进一步向卫星城放权和倾斜。积极培育中小城市。全面提升金堂、彭州、崇州、大邑、邛崃、蒲江等区域中心城的基础设施建设和公共服务水平；建设永宁、新繁、安德、寿安等10个人口规模在5万人以上的小城市；建好"天府古镇群"和商贸、科技、农业示范镇等特色镇。通过点、线、面结合，将区域中心城及小城市、特色镇，培育成全市统筹城乡的重要载体和农民就近城镇化的主要区域。

三、未来一个时期成都市推进的新型城镇化的发展趋势

成都是四川省省会城市，在四川省新型城镇化建设中担当着排头兵的重任。根据《四川省新型城镇化规划（2014—2020年）》，四川省新型城镇化的主要目标如下。

城镇化质量和水平明显提升。常住人口城镇化率达到54%左右，户籍人口城镇化率达到38%左右，改造约470万人居住的城镇危旧房和棚户区。

城镇化布局和形态更加优化。优化与资源环境承载能力相匹配的城镇布局，以四大城市群为主体形态，基本形成结构更加完善、定位更加清晰、大中小城市和小城镇发展更加协调的"一轴三带、四群一区"的城镇化发展格局。

城镇可持续发展能力明显增强。人均建设用地控制在100平方米以内，城镇发展模式和用地布局结构更加合理。基础设施和公共服务设施不断完善，城镇综合承载能力不断增强。

城镇化和新农村建设更加协调。开展以县为单位的多规合一规划，全域空间实

现有序利用。小城镇带动农村发展的能力明显增强，新村建设水平大幅提高。

城镇化体制机制更加完善。人口、土地、财政、投融资、社会保障和行政区划等制度改革取得重大进展，阻碍城镇化健康发展的体制机制障碍基本消除。

到2020年，四川省将构建以四大城市群为主体形态、大中小城市和小城镇协调发展的城镇化新格局。其中，四大城市群是指。

成都平原城市群。包括绵阳—成都—乐山城镇发展带、成都—遂宁城镇发展带、成都—资阳城镇发展带及三台—中江—淮口—简阳—成都新机场—仁寿城镇发展带，形成一体化城市群空间形态。为此需要严格控制成都中心城区人口规模，推动成都提质升位、转型发展。

川南城市群。即内江—自贡—泸州—宜宾形成的川南大都市圈。

川东北城市群。即南达城镇发展带、广巴达城镇发展带和沿嘉陵江城镇发展带。

攀西城市群。即安宁河谷—攀枝花城镇发展带和金沙江沿江城镇发展带。

在这一雄心勃勃的计划中，成都市的定位是：西部地区核心增长极、内陆开放高地、最具竞争力的城市，成都平原城市群的核心。为此，成都将加快完善市域城镇体系规划建设。在其制定发布的《成都市新型城镇化规划（2014—2020年）》和《成都市域城镇体系规划（2014—2030年）》中，规划建成7个卫星城和10个小城市，重点推进80个特色镇和75个一般小城镇改造，启动104个川西林盘保护，总计完成投资498.1亿元。目前，龙泉驿区西河镇等26个镇入选全国重点镇，数量位居15个副省级城市第一；17个镇入选全省"百镇试点"小城镇，数量位居全省第一。到2020年，成都新型城镇化规划发展目标是。

人口城镇化水平稳步提高。到2020年，全市常住人口城镇化率达到77%，年增长率多增加1个百分点。

城镇化形态格局更加优化。打破单中心、摊大饼式空间拓展模式，构建1个特大中心城（双核），8个卫星城，6个区域中心城，10个小城市及68个特色镇和2000余个农村新型社区组成的市域城镇体系，初步形成双核共兴，一城多市的网络城市群。

1个特大中心城由中心城区和天府新区（直管区）构成，8个卫星城市指龙泉驿、新都、温江、青白江、郫县（2016年改为郫都区）、双流、新津和都江堰，6个中心城包括金堂、彭州、崇州、大邑、邛崃和蒲江，10个小城市是永宁、新繁、清泉、安德、淮口、羊马、濛阳、寿安、羊安和沙渠。

与此同时，成都市还将实现以下目标：城镇化产业支撑更加有力、城市发展质量显著提升、城市人文魅力更加彰显及城镇化体制机制创新保持领先。

中长期而言，成都新型城镇化发展目标是：到2025年，常住人口城镇化率达到80%左右，人口总体规模和空间分布得到有效调控，人口结构进一步优化，大都市区功能形态全面建成，新型工业化和新型城镇化良性互动，城市发展质量全面提升，城市人文魅力全面彰显，城镇化发展体制机制更加完善。国际性区域中心城市全面建成。

可以看出，相对于四川省新型城镇化规划的各项指标，成都市早已达到或超过。因此，今后一个时期，成都市新型城镇化建设的重点主要不在硬件，而是如何破解制约其良性发展的制度与相关体制机制。本报告探讨的行政体制即为其中之一。

四、成都市新型城镇化对于现有行政体制的新挑战

（一）现行等级化的行政管理体制制约了成都市邻近卫星城的健康发展

我国现行的行政管理体制是一种等级化的体制，居于上一层次的政府对下一级政府有着人、财、物、权等多方面的管辖权。相对于下一级政府而言，上一级政府通常拥有更多资源、更大的权力、更多的机会。从城镇化的角度看，这一体制一方面导致中心城市、大城市发展过快、聚集人口过多、城市病越来越严重；另一方面广大中小城镇产业基础薄弱、人口净流出、城市基础设施不健全，很难在解决"两

个一亿人"问题、促进就地城镇化中施展手脚。在成都，这一问题现实地表现为主城区人满为患，产业过于集中，已没有发展空间，但周边的新都、温江，甚至最近的双流等地区的发展始终令人不满意。

（二）人口过于向主城区集中，空间分布不平衡

目前，成都市的人口主要集中在主城区。以2014年为例，人口密度最高的青羊区达到9540人，而毗邻主城区仅数公里的双流区仅为931人，相差10倍。囿于地理限制，这些区域已没有进一步发展的空间，相反，交通拥堵、环境污染等城市病越来越严重。但是，成都市周围的县、乡、镇的城市化水平则差强人意，市政设施和公共服务水平都不高，不仅对从主城区分流出来的人口缺乏吸引力，甚至对从农村转入城市的人口也缺乏吸引力。这进一步拉大了成都市不同区域间发展水平的差距，小城市建设和经济发展既缺乏人才，甚至也缺乏人力。如果将视角进一步放大到乡镇一级，情况就更是如此。

（三）城市管理与社会管理亟待加强

自2003年成都市推行城乡统筹以来，在城市近郊附近形成了一个特殊的"涉农社区"。涉农社区是指土地被征用后的农村人口集中居住在政府兴建和安置区内所形成的社区。这些社区的地理位置虽然邻近城市，甚至就在城市之中，但其社会结构、邻里关系，甚至生产生活方式等，仍然属于农村。对政府而言，由于这些社区在征地拆迁、土地流转、就业、公共管理等方面积累了深厚的矛盾，管理的难度非常大。一是对公共服务的需求方式发生改变。集中居住以前，公共服务的供给模式呈现分散，甚至自给的基本特征，集中居住后公共服务也走向了集中。与此相适应，居民对公共服务供给的质量、效率都提出了更高的期待。二是对公共事务的参与方式发生改变。集中居住以前，农民对公共事务的参与主要集中在村、组进行，而在"并村、并组、村改居、集中居住"的推动下，农村社区规模不断扩大，公共利益的范围不断增加，原有的以村组为单元的参与模式已经不能适应新的情况。三是农民的就业方式发生改变，就业的不确定性客观上增加了社会管理的难度。土地向规模化

经营集中，一部分农民以农业产业工人的形式就业，一部分农民则利用靠近城市的区位优势，经营起以城市人口为目标人群、以休闲、观光为主要目的"农家乐"，还有一部分农民成为农村中富余的劳动力。多样化的就业渠道，一方面有利于农民增加收入，但另一方面由于土地对农民就业的维系作用减弱，因市场而决定的就业风险增加，这些因素在客观上加大了社会管理的难度。

此外，随着"工业进园区"，园区附近流动人口的增加，城市周边的小产权房、黑作坊与相伴劳工，数目巨大，隐患丛生，当地政府也面临着严峻的治理困难。

（四）基本公共服务的均等化远未实现

由于人口过快聚集，现在成都市主城区已明显超过环境与资源的承载力，教育、卫生、交通等公共服务只能满足户籍人口的需要。在二圈层，由于财力不足，公共服务供需之间的矛盾也很突出。以郫县（2016年改为郫都区）为例，户籍人口54万人，但常住人口超过100万人；一些邻近中心城区的镇，外来人口是户籍人口的2~5倍，但学校、医院、公交车均按户籍人口规划建设。对于至关重要的农民工市民化问题，目前既缺政策也缺投入。现在，成都共有244.43万外来人口，相当于户籍人口20.8%，换言之，每5个成都人就有1个外来人口，这些人口中的80%又集中在主城区与紧邻镇街，导致城镇基础设施全面紧张，如交通、市政、消防、环境设施紧张；更形成教育、医疗、社保、就业等以"人"为中心的公共服务，只能按"身份"享受服务，歧视明显。

（五）深化行政体制改革面临现实约束

在推进城乡统筹和中小城市综合改革的过程中，成都市始终坚持创新发展。但在创新与改革的过程中，不断遇到与现行法律不符甚至冲突的问题。如建立"三级政府一级管理"体制与宪法赋予政府职责有所抵触，允许设立有利于健康产业发展的外商独资医疗机构、医疗保险机构和文化场所的设施需引进外商投资医疗设备和国家现行医疗器械监督管理条例相冲突，外来人口落户与中央、省级财政转移支付协调增长机制与现行财税政策相抵触的矛盾问题。另外，基层机构、编制、人员配备等严重不适应城镇化发展的需要。这主要表现在以下几个方面。一是乡镇责权利不对等，人员知识结构老化，人才缺乏。二是机构、人员编制管得过细过死，严重制约经济发达乡镇发展，与发达乡镇的实际严重不相适应。三是发达乡镇的现有职责与其实际承担的发展任务不相适应（应与一般乡镇有所区分）。此外，农村管理存在问题较多。集体土地流转、农村住宅流转难，农民融资难；规模经济受行政区划、行政管理体制制约严重；就地城镇化与规模经济之间存在突出矛盾；传统工业化背景下的农民变市民与就地城镇化存在两难选择。

总之，目前的成都市虽然可以说是西部最现代的城市之一，但总体而言，仍然是典型的"大城市带大农村"的格局，高度城市化的中心城区与城镇化刚起步的郊区城镇化并存，土地、财政、户口、社保、公共服务等的二元特征并没有完全打破。创新行政体制、适应并推动新型城镇化的健康发展的必要性和迫切性十分突出。

五、创新成都行政管理体制的对策建议

（一）适应新型城镇化发展需要，深化行政区划改革

根据成都市近年来城镇化的发展情况及2014—2016年的规划，到2020年，全市常住人口城镇化率将达到77%，届时将有1650万人居住在城市。为此，成都市规划建成7个卫星城和10个小城市，重点推进80个特色镇和75个一般小城镇改造，初步形成"双核共兴，一城多市"的网络城市群。为了适应这一发展趋势，深化行政区划改革势所必然。

1. 适时启动撤县（市）设区改革

根据规划，成都市将以中心城区和天府新区为核心，建成7个卫星城市——龙泉驿、温江、青白江、郫县（2016年改为郫都区）、双流、新津、都江堰。从到中心城区的距离、人口聚集密度、产业发展形态上看，这几个卫星城在物理形态上已与主城区连成一体，但在城市管理、公共服务的质量水平方面与主城区相去甚远。当

前，要注意在把这几个区往卫星城方面建设的同时，不要人为撕裂这些地区与主城区之间的经济、信息、人员、产业联系，防止小岛化、孤岛化的形成。为此，应当将这些地区全面纳入成都市行政版图，实施撤县设区改革。具体而言，就是对也还未改成区的郫县（2016年改为郫都区）、新津、都江堰三地，适时启动改革，撤县（市）设区。

2. 进行镇改设街道办事处、乡村改设镇及部分乡镇（街道）行政区划的局部的调整。

在建设卫星城、小城市的同时，成都市还将重点推进80个特色镇和75个一般小城镇改造及2000余个农村新型社区组成的市域城镇体系。为此，需要适时将具备条件的镇改设为街道、乡改设为镇。推动这一工作的要点在于，既不能人为造"城"、一哄而上，也不能因噎废食，人为阻挡城市的形成。要适应城镇化现实发展进程的需要，可以在一些人口聚集程度较高的乡通过提前设镇的方式，推动人口、产业更多更高地集聚，也应当将一些已成事实上具备小城市基本特点的镇改设为街道办事处，逐渐拉平城乡之间的差距，渐进式实现城乡一体化。

（二）加快中小城市综合改革试点，深化简政放权制度改革，建设精干高效的政府职能体系

随着城镇化的发展，成都已经并将形成一大批小城市，如永宁、新繁、清泉、安德、淮口、羊马、濛阳、寿安、羊安、沙渠等。比较而言，这些小城市与主城区的距离较远，城市发展各方面的差距也比较大。也正因为如此，这些小城市未来将成为人口聚集的重要承载地。从现在的情况看，多数地区的人口聚集已有相当规模，但其城市管理、社会服务、公共管理等方面的水平还很欠缺。究其原因，主要还是因为在现行行政体制的框架下，这些事实上已成为小城市的地方仍然属于农村政区，其机构、人员、职能、经费等都是按管理农村而不是管理城市的方式设置的。为此，一方面是要适时启动乡改街道等区划改革方面的大动作，另一方面在这一改革尚未到位之前，全面实施行政综合执法改革。

1. 按大部门制的基本思路设置小城镇的行政管理机构

具体来说，对于各个部门（系统）内的多个执法机构或多支执法队伍，可借鉴文化、交通等部门（系统）改革试点的经验，尽可能整合执法资源，归并一个，实现部门内的综合执法；对于跨领域的执法职责交叉等问题，除了已开展试点的领域外，原则上可不再设跨领域的综合执法机构，主要通过结合大部门制改革整合执法资源、联合执法、明确部门职责分工、建立部门间协调配合机制等途径逐步解决。

2. 简政放权，重心下移，全面推行小城市行政综合执法

可在市、县、区设立综合执法机构，统一负责辖区内的综合执法工作，明确地方执法责任，上级行业部门可对下级执法机构的执法活动进行指导和监督，但不应替代下级机构执法。特别是城管综合执法，由于跨领域跨部门组建，涉及诸多城市管理领域，加上各地城管执法机构的职能范围有的多有的少，存在很大差异，情况比较特殊，难以确定哪个中央或省级部门为对口管理部门，更需坚持地方属地化管理；为了规范城管执法起见，与城管业务联系密切的城建、工商、公安等上级职能部门，可对城管综合执法给予相应的业务指导。

3. 加强小城市综合行政执法主体的能力建设

为了解人口矛盾及综合执法机构和人员的规范化管理难题，应通过强化业务能力培训的方法，加强综合执法机构和人员的业务能力建设。对行政执法人员按照或参照公务员标准进行录用和管理，加强综合执法人员的业务培训，建立持证上岗制度，并配备与执法任务相匹配的装备和设施，提高执法人员的法律素质、业务素质和执法水平。要简化和优化流程，确保执行的合规性和准确性。要采用技术手段，强化采证能力和信息沟通能力。要抓好配套改革，如建立综合执法的专项经费，严格执行处罚与收缴分离的法定原则，抓好规范执法等。

（三）深化城乡统筹，推进城乡基本公共服务一体化

成都市自推行城乡统筹以来，已在城乡基本公共服务一体化的道路上行进了很远。在社会保险、公共设施标准化建设、就业促进、村级公共服务和社会管理方面

进行了很多以统一、合并、标准化为特点的工作，领先于全国在就业促进、养老保险、医疗保险及相应的经办服务方面实现了城乡一体化。截至 2015 年 11 月，城镇职工养老保险人数达到 546.87 万人，参加城乡居民养老保险的人数达 325.87 万人，参保覆盖率超过了 95%，城乡养老保险实现了市级统筹。今后一个时期，可继续在以下几个方面深入推进。

1. 渐进扩大基本公共服务的范围

根据成都的实际情况，我们建议在近五年内，成都市应将基本公共服务的内容限定在第一层次的范围内，即"有房住、有医就、有学上、有业可就"。目前，成都市在就业促进、养老、医疗、社会救助上已实现了城乡一体化，但在义务教育、公共住房方面，尚未取得明显突破。今后一个时期，成都应将基本公共服务城乡一体化的范围逐步扩大，将义务教育、公共住房两项纳入建设范围。

2. 实现全市统一的基本公共服务标准

在主城区及其卫星城的范围内，实现统一的基本公共服务标准，实现人员在这些区域内的无障碍流动。

3. 简化现行管理制度

总体而言，现在成都的社会保险体系分城乡、分人群、分地域的特点仍然不同程度地存在。今后可向统一化、标准化的方向迈进。

（四）进一步理顺县乡财政关系，建立财力与支出相匹配的乡镇财政体制

为了给还处于城镇化发展起步阶段的乡镇助力，未来成都市应重点调整县乡之间的财政关系，建立财力与支出相匹配的乡镇财政体制。其要点是，一是以输血、造血为主，增强基层财政力量。要做好产业综合布局的同时，将乡镇一级财力尽量留在本地，上级政府原则上不分享乡镇一级的税收。二是按"财力下移，缺口上移"的原则，对乡镇财力难于覆盖的缺口部分，由上级财政通过转移支付的方式补足。

三是调整事权范围，将适宜于上级财政负担的支出责任上移，一方面有利于减少乡镇负担；另一方面有利于加快基本公共服务的一体化进程。

（五）推进经济发达镇建立与小城市相适应的行政管理体制

针对经济强镇，要确定"扩权强镇、打造县域经济社会次中心"的目标，抓住机遇深化改革，不断推进体制机制创新，有效激发试点镇发展活力。一是下放管理权限。适应经济发达镇经济社会发展需要，按照"依法下放、能放即放、权责一致"的原则，逐步下放城镇建设、规划投资、项目审批、环境保护、安全生产、市场监管、社会治安、民生保障等方面的行政审批权和其他行政执法权，增强了经济发达镇统筹经济社会发展的能力。二是优化组织结构，按大部制的思路综合设置党政机构，并明确职责，科学定岗、定责、定流程。三是扎实推进综合行政执法。可结合全市综合执法改革，探索建立联合执法平台，将经济发达镇的执法工作人员、县直派驻执法工作人员整合到综合执法办公室联合办公，由综合执法办公室统一考核管理、调度指挥，并与县直主管部门建立县镇行政执法联动机制。四是统筹做好相关配套制度改革。主要是在土地、金融、户籍管理等方面出台一系列配套政策，积极推进财政体制改革、干部人事制度改革、用地制度改革，加快户籍、就业、社会保障制度改革，为经济发达镇的腾飞创造条件。

专题报告5

中国新型城镇化进程的PPP模式

2014年以来，基于中央政府的积极推动和地方政府的踊跃参与，中国PPP（Public Private Partnership）进入了一个令人目眩神迷的高速发展期。截至2017年年底，中国PPP项目已达到14424个，总投资额18.2万亿元。以此而言，中国已经成为当今世界上第一PPP大国。本报告详细介绍了2014年以来中国PPP发展的背景、进展情况，在肯定其对中国经济社会发展的正面作用的同时，也指出了存在的主要问题，提出了下一步改进与努力的建议。

一、中国政府大力推进PPP的时代背景

PPP在中国并非是一个全新的事物，早在20世纪80年代，中国深圳的一个电厂就使用了PPP的模式进行建设，2008年北京奥运会前夕完工的北京地铁4号线更是一个PPP运作的成功案例。另外，20世纪90年代到21世纪初，中国许多城市在公共交通、水处理等领域广泛运用PPP，不仅解决了当时民众需求与政府财力不足的矛盾，而且引入了现代的管理与技术，从中受益匪浅。2008年全球金融危机与经济危机发生以后，中国政府于2009年推出了一个40000亿元的巨额投资计划，为各类公共建设项目提供了巨大的资金来源，由于地方政府不再缺钱，因而PPP有所回落。但是，快速的建设与投资同时也带来了中国政府债务的快速上升，到2013年前

后，中国的政府尤其是地方政府的债务已成为一个不容忽视的问题。在此背景下，PPP再次回到中国决策者的视野。概括而言，2014年以后中国政府之所以大力发展PPP，主要是基于以下两方面的背景。

（一）中国仍然处于城市化的中期，对基础设施、公共设施建设的需求极为庞大

改革开放30多年以来，中国经历了工业化和城镇化的历史洗礼，经济社会面貌发生了深刻且不可逆转的变化。其中之一就是"乡村中国"向"城市中国"的转化。1978年，中国城镇人口为17245万人，农村人口总数为79014万人，城市化率仅为18%左右。改革开放后，农村人口开始了大量向城市转移。到2015年，我国居住在城市的人口总数已达7.7亿人左右，城市化率提高到56.1%，如图1所示。

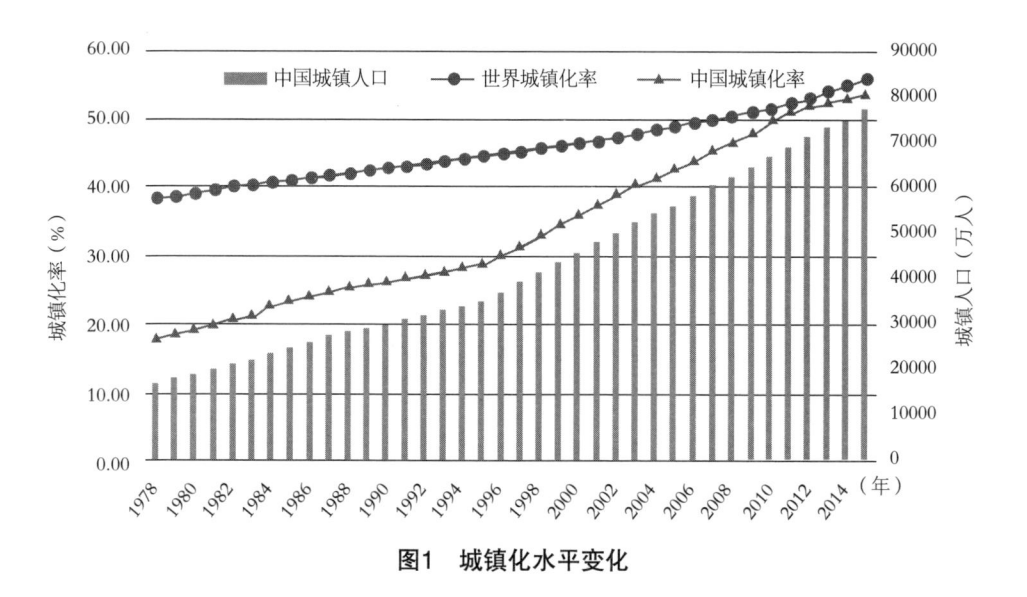

图1 城镇化水平变化

但从发达国家的经历看，中国仍然处于城市化的中期。未来几十年，仍然将有数亿人从农村转移到城市，这对中国城市的建设、扩张提出了新的需求。据估计，中国完成城市化进程所需要的投资将在40万亿元~60万亿元。如此巨大的投资，单凭政府一己之力是不可能承担的。

(二) 中国面临着庞大的地方政府债务压力

2013年中华人民共和国审计署调集大量人力、物力，对中国的政府性债务情况进行摸底调查。根据其发布的公告，截至2013年6月底，全国各级政府负有偿还责任的债务206988.65亿元，负有担保责任的债务29256.49亿元，可能承担一定救助责任的债务66504.56亿元，如表1所示。

表1 全国政府性债务规模情况

单位：亿元

年度	政府层级	政府负有偿还责任的债务（政府债务，下同）	政府或有债务	
			政府负有担保责任的债务	政府可能承担一定救助责任的债务
2012年年底	中央	94376.72	2835.71	21621.16
	地方	96281.87	24871.29	37705.16
	合计	190658.59	27707.00	59326.32
2013年6月底	中央	98129.48	2600.72	23110.84
	地方	108859.17	26655.77	43393.72
	合计	206988.65	29256.49	66504.56

中央政府性债务情况。截至2013年6月底，中央政府负有偿还责任的债务98129.48亿元，负有担保责任的债务2600.72亿元，可能承担一定救助责任的债务23110.84亿元。

地方政府性债务情况。截至2013年6月底，地方政府负有偿还责任的债务108859.17亿元，负有担保责任的债务26655.77亿元，可能承担一定救助责任的债务43393.72亿元。从政府层级看，省级、市级、县级、乡镇政府负有偿还责任的债务分别为17780.84亿元、48434.61亿元、39573.60亿元和3070.12亿元，如表2所示。

表2　2013年6月底地方各级政府性债务规模情况表

单位：亿元

政府层级	政府负有偿还责任的债务	政府或有债务	
		政府负有担保责任的债务	政府可能承担一定救助责任的债务
省级	17780.84	15627.58	18531.33
市级	48434.61	7424.13	17043.70
县级	39573.60	3488.04	7357.54
乡镇	3070.12	116.02	461.15
合计	108859.17	26655.77	43393.72

如此巨额的债务规模，对中国经济的健康可持续发展敲响了警钟。中国政府必须在满足城市化建设资金需要与政府财力不足的矛盾中寻找新的出路。与此同时也要看到，经过30年高速发展的中国，已积聚起相当可观的民间资本，正四处寻找新的投资方向。正是在这多种因素综合作用下，PPP正式摆上了中国决策部门的桌面。

二、中国政府推进PPP的政策体系

2014年以后PPP在中国的全面开花，主要源于中央政府自上而下的积极推动及地方政府的踊跃响应。为了推动PPP的发展，各级政府都出台了大量的支持性文件与政策。

（一）中央政府层面（国家发改委、财政部）对于PPP的相关政策

在中央政府层面，涉及PPP的主要法规有《中华人民共和国政府采购法》和《中华人民共和国招投标法》（含《实施条例》）。除此之外，中央政府主要是通过发布对某个特定领域、地区的支持意见来体现对于PPP的许可的，如地下管道建设、东北振兴等，如图2所示。

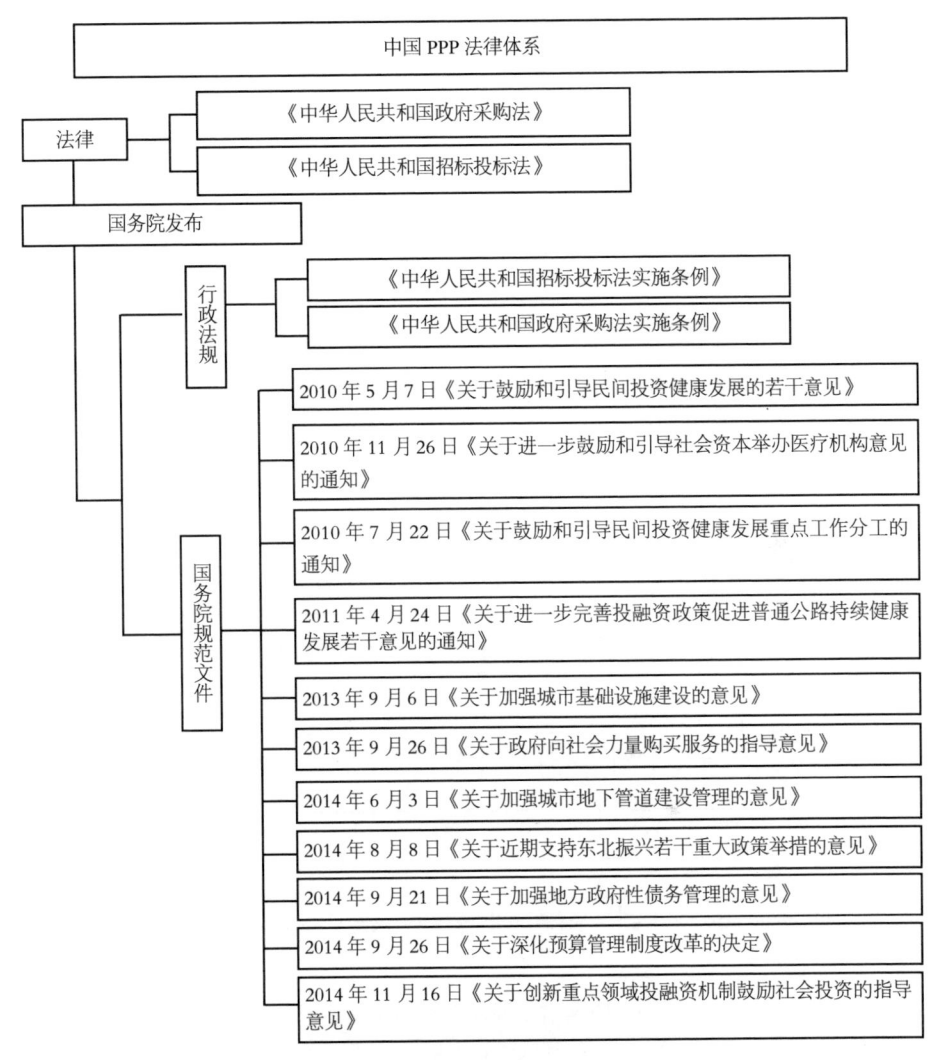

专题报告5 中国新型城镇化进程的PPP模式

```
中国PPP法律体系
├─ 法律
│   ├─《中华人民共和国政府采购法》
│   └─《中华人民共和国招标投标法》
└─ 国务院发布
    ├─ 行政法规
    │   ├─《中华人民共和国招标投标法实施条例》
    │   └─《中华人民共和国政府采购法实施条例》
    └─ 国务院规范文件
        ├─ 2010年5月7日《关于鼓励和引导民间投资健康发展的若干意见》
        ├─ 2010年11月26日《关于进一步鼓励和引导社会资本举办医疗机构意见的通知》
        ├─ 2010年7月22日《关于鼓励和引导民间投资健康发展重点工作分工的通知》
        ├─ 2011年4月24日《关于进一步完善投融资政策促进普通公路持续健康发展若干意见的通知》
        ├─ 2013年9月6日《关于加强城市基础设施建设的意见》
        ├─ 2013年9月26日《关于政府向社会力量购买服务的指导意见》
        ├─ 2014年6月3日《关于加强城市地下管道建设管理的意见》
        ├─ 2014年8月8日《关于近期支持东北振兴若干重大政策举措的意见》
        ├─ 2014年9月21日《关于加强地方政府性债务管理的意见》
        ├─ 2014年9月26日《关于深化预算管理制度改革的决定》
        └─ 2014年11月16日《关于创新重点领域投融资机制鼓励社会投资的指导意见》
```

图2　中国PPP法律体系

在推动PPP中起到重要作用的是国家发改委与财政部,其中后者作用更大。出于控制债务风险、减轻财政资金压力的目的,中国财政部在PPP发展中扮演了"推手"甚至于"教师"的角色,但凡涉及PPP的具体运作,从流程到范围,从合同怎么写到从物有所值评估怎么做,基本上是手把手地教地方政府怎么操作。可以这样说,财政部是"中国PPP之母"。财政部不仅对PPP概念进行了中国式的改造(如将"私人资本"重新定义为"社会资本"),而且明示凡是那些投资规模较大、需求

147

长期稳定、价格调整机制灵活、市场化程度较高的基础设施及公共服务类项目，适宜采用政府和社会资本合作模式，另外还就PPP的具体操作流程、要点、标准、文本等发布了非常详细的指示。图3是中国财政部发布的PPP操作流程图。

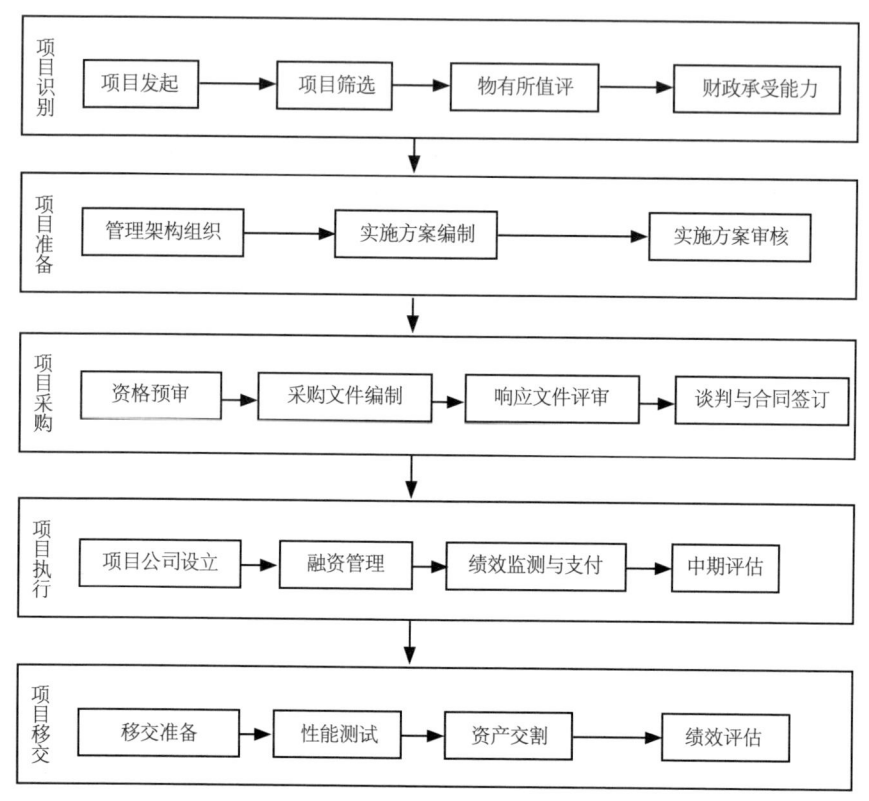

```
项目识别:  项目发起 → 项目筛选 → 物有所值评 → 财政承受能力

项目准备:  管理架构组织 → 实施方案编制 → 实施方案审核

项目采购:  资格预审 → 采购文件编制 → 响应文件评审 → 谈判与合同签订

项目执行:  项目公司设立 → 融资管理 → 绩效监测与支付 → 中期评估

项目移交:  移交准备 → 性能测试 → 资产交割 → 绩效评估
```

图3　中国财政部发布的PPP操作流程图

具体的部门规章及部门规范性文件如表3所示。

表3 部门规章及部门规范性文件

部门名称	文件名称
多部门联合分布类型	2014年7月4日《关于公共基础设施项目享受企业所得税优惠政策问题的补充通知》
	2014年8月26日《关于做好政府购买养老服务工作的通知》
	2014年9月12日《关于加快推进健康与养老服务工程建设的通知》
	2014年12月15日《政府购买服务管理办法（暂行）》的通知
	2014年12月26日《关于开展中央财政支持地下综合管廊试点工作的通知》
	2014年12月31日《关于开展中央财政支付海绵城市建设试点工作的通知》
	2015年2月3日《关于鼓励民间资本参与养老服务业发展的实施意见》
	2015年2月13日《关于市政公用领域开展政府和社会资本合作项目推介工作的通知》
	2015年3月10日《关于推进开发性金融支持政府和社会资本合作有关工作的通知》
	2015年3月17日《关于鼓励和引导社会资本参与重大水利工程建设运营的实施意见》
发改委发布	2014年4月1日《天然气基础设施建设与运营管理办法》（部门规章）
	2014年12月2日《关于开展政府和社会资本合作的指导意见》
财政部发布	2014年2月1日《政府采购非招标采购方式管理办法》（部门规章）
	2014年9月23日《关于推广运用政府和社会资源合作模式有关问题的通知》
	2014年11月29日《关于印发政府和社会资本合作模式操作指南（试行）的通知》
	2014年11月30日《关于政府和社会资本合作示范项目实施有关问题的通知》
	2014年12月30日《关于规范政府和社会资本合作合同管理工作的通知》（试行）
	2014年12月31日《政府采购竞争性磋商采购方法管理暂行办法》
	2014年12月31日《政府和社会资本合作项目政府采购管理办法》
	2015年2月15日《关于印发2015年地方政府专项债权预算管理办法》
	2015年2月17日《关于推进地方盘活财政存量资金有关事项的通知》
	2015年3月12日《地方政府一般债权发行管理暂行办法》
	2015年3月18日《2015年地方政府专项债权预算管理办法》
住建部发布	2004年5月1日《市政公用事业特许经营管理办法》（部门规章）
	2012年6月8日《关于印发进一步鼓励和引导民间资本进入市政公用事业领域的实施意见的通知》

（二）部分地方政府对于 PPP 的相关政策

在中国，地方政府都面临着激烈的 GDP 竞争。由于 PPP 项目多是价高、规模大、投资期长的大项目，因此地方政府无不趋之若鹜。基于中央政府的许可甚至鼓励，中国各级地方政府（中国共有五级政府，省、市、县三级的政府就有 3000 多个）在 PPP 的道路上奋勇争先，唯恐落后，也相继出台了不少支持本地 PPP 发展的政策文件。当然，这些文件大多集中在如何具体实施 PPP 上面。理解了这一点，就不难理解中国 PPP 为何在短期内呈现出的井喷式增长。各地方 PPP 规定如表4所示。

表4 PPP各地方规定

省份	规定名称
北京市	2015 年 3 月 20 日《北京市人民政府关于创新重点领域投融资机制鼓励社会投资的实施意见》
山东省	2014 年 6 月 25 日《山东省人民政府关于贯彻落实国发〔2013〕36 号文件进一步加强城市基础设施建设的实施意见》
山东省	2014 年 12 月 4 日《山东省住房和城乡建设厅山东省财政厅关于做好城镇基础设施建设 PPP 试点项目推荐工作的通知》
山东省	2014 年 10 月 11 日《青岛市发展和改革委员会关于印发鼓励和引导社会资本参与投资基础设施等领域项目实施方案的通知》
河北省	2014 年 12 月 17 日《河北省人民政府关于推广政府和社会资本合作（PPP）模式的实施意见》
江苏省	2014 年 12 月 12 日《江苏省财政厅关于推进政府与社会资本合作（PPP）模式有关问题的通知》
河南省	2014 年 11 月 27 日《河南省人民政府关于推广运用政府和社会资本合作模式的指导意见》
安徽省	2014 年 6 月 4 日《安徽省人民政府关于加强城市基础建设实施的意见》
安徽省	2014 年 9 月《安徽省城市基础设施领域 PPP 模式操作指南》
安徽省	2014 年 12 月 29 日《安徽省财政厅关于推广运用政府和社会资本合作模式的意见》
浙江省	2014 年 12 月 23 日《浙江省人民政府办公厅关于切实做好鼓励社会资本参与建设运营规范项目工作的通知》
浙江省	2015 年 2 月 10 日《浙江省财政厅关于推广运用政府和社会资本合作模式的实施意见》

三、中国 PPP 的进展情况

2014 年以前，中国的 PPP 项目全国不过百来个。但 2014 年以来，中国 PPP 项目无论在深度和广度方面都得到了巨大的发展。截至 2017 年 12 月末，全国政府和社会资本合作（PPP）综合信息平台[①]收录管理库和储备清单 PPP 项目共 14424 个，总投资额 18.2 万亿元，同比上年度末分别增加 3164 个、4.7 万亿元，增幅分别为 28.1%、34.8%；其中，管理库项目 7137 个，储备清单项目 7287 个。所谓管理库项目指处于准备、采购、执行和移交阶段的项目，已通过物有所值评价和财政承受能力论证的审核，换言之，即那些已经实施的 PPP。下面主要介绍这类项目的情况。

（一）管理库项目与投资的行业分布情况

截至 2017 年 12 月末，管理库内各行业 PPP 项目数及投资额如图 4 和图 5 所示。可以看出，其中，居于前三位是市政工程、交通运输、生态建设和环境保护，分别为 2678 个、1008 个、543 个，合计占管理库项目的 59.2%；投资额居前三位是市政工程、交通运输、城镇综合开发，分别为 33736 亿元、31824 亿元、11405 亿元，合计占管理库总投资的 71.6%。

[①] 中国财政部下设的 PPP 中心的一个关于全国 PPP 项目的信息管理平台。按规定，全国各地的 PPP 项目的所有信息都必须进入。PPP 中心在此基础上，对全国 PPP 项目进行评比，以鼓励 PPP 的各参与方相互交流与学习。

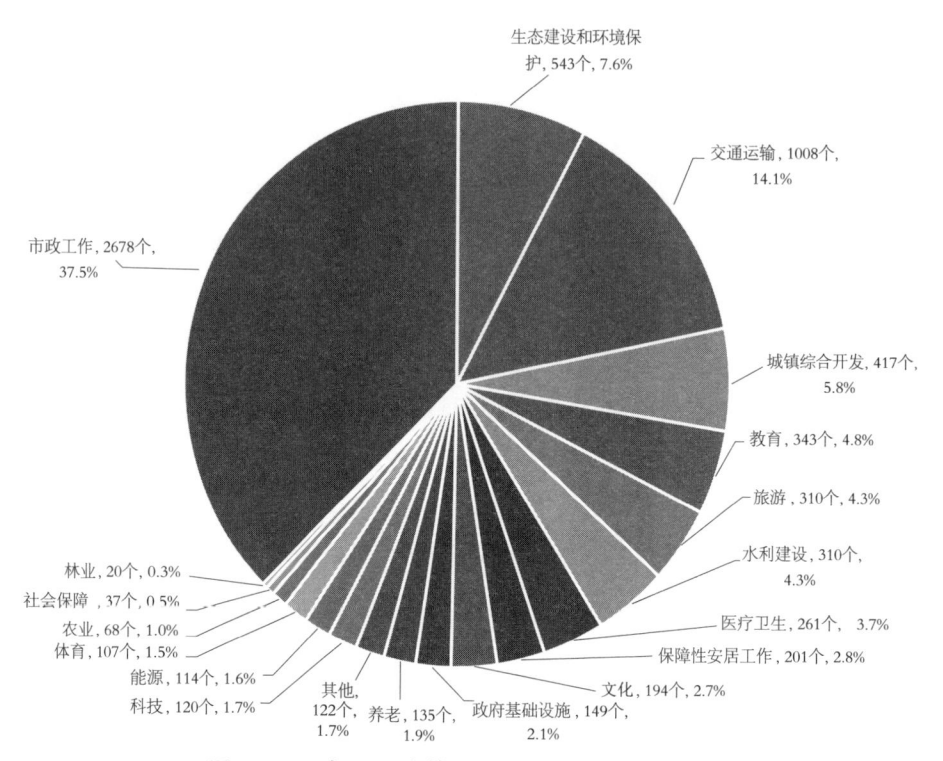

中国城乡发展一体化的战略研究：
从"十三五"到2049

图4 2017年12月末管理库项目数行业分布情况

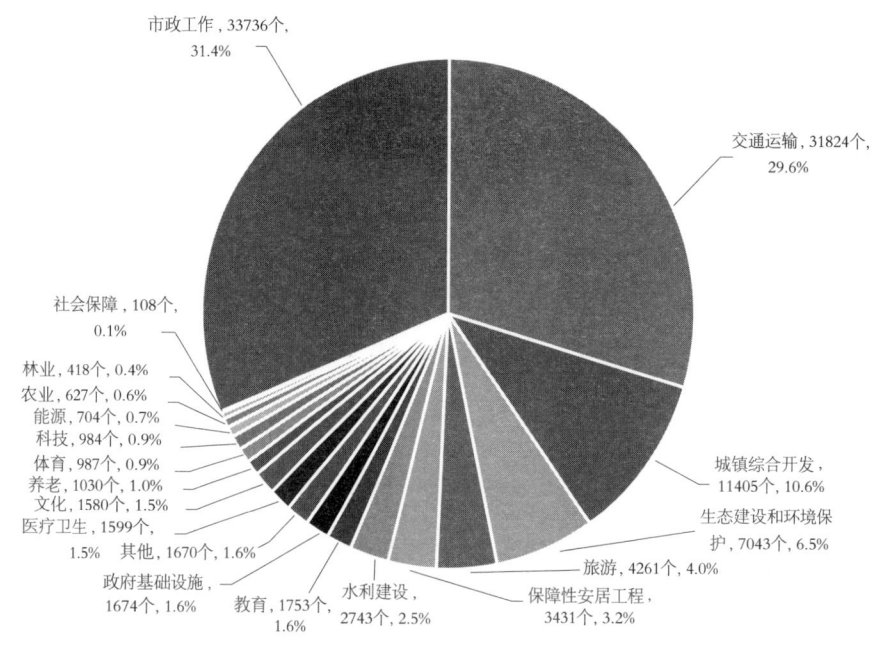

图5 2017年12月末管理库项目投资额行业分布（亿元）

2017年下半年，中国财政部发布文件，鼓励基本公共服务领域①内实施PPP项目，这在一定程度上改变了PPP项目主要集中在基础设施建设领域的状况，截至12月末，管理库中基本公共服务项目数和投资额分别为1350个、1.1万亿元，分别占管理库的18.9%和10.4%。管理库基本公共服务项目数如图6所示。

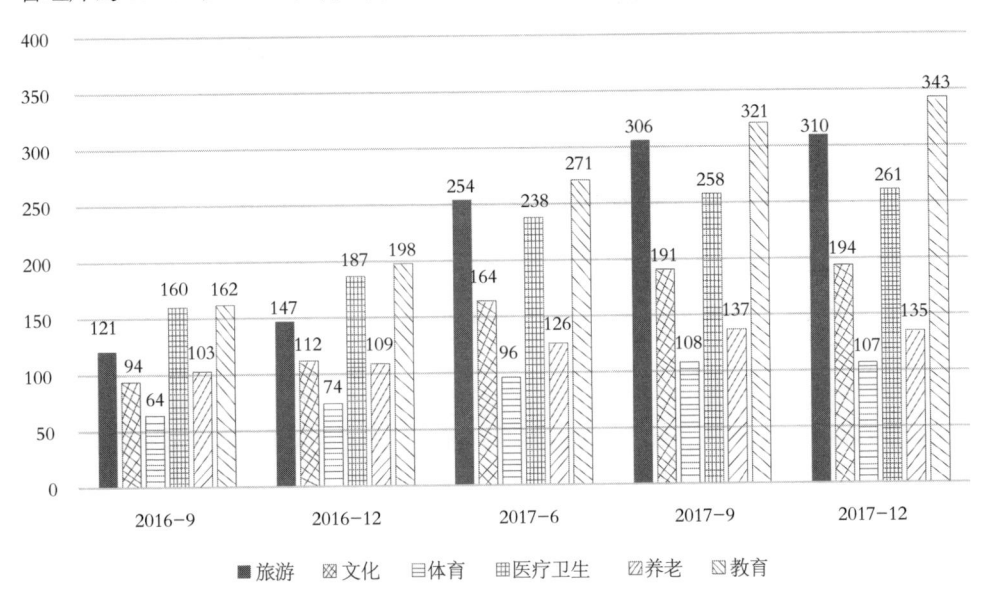

图6 管理库基本公共服务项目数（个）

（二）管理库项目的地区分布情况

以交通运输项目为例，截至2017年12月末，西部地区位列四大区域之首，为449个项目，占比44.5%，中部地区、东部地区、东北地区分别为276个、244个、39个。就投资额而言，西部地区以19647亿元位列第一，占比61.7%，东部地区、中部地区、东北地区分别为6137亿元、5128亿元、912亿元，如图7所示。

---

① 在中国，基本公共服务主要包括文化、体育、医疗、养老、教育、旅游6个领域。

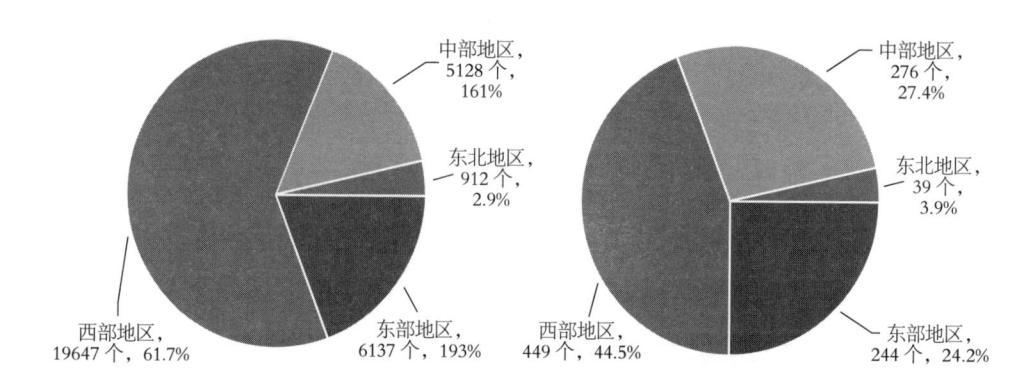

图7 四大区域管理库交通运输项目数、投资额情况

（三）社会资本合作方类型与主要参与领域

在中国，PPP 的合作方称为社会资本，其官方的定义是"已建立现代企业制度的境内外企业法人，但不包括本级政府所属融资平台公司及其所控股的国有企业"。截至 2017 年 12 月末，共有 597 个落地示范项目的签约社会资本信息入库，其中包括 333 个独家社会资本项目和 264 个联合体项目。签约社会资本共 981 家，包括民营 340 家、港澳台 27 家、外商 16 家、国有 569 家，另外还有类型不易辨别的其他 29 家，民营企业占比 34.7%，如图 8 所示。

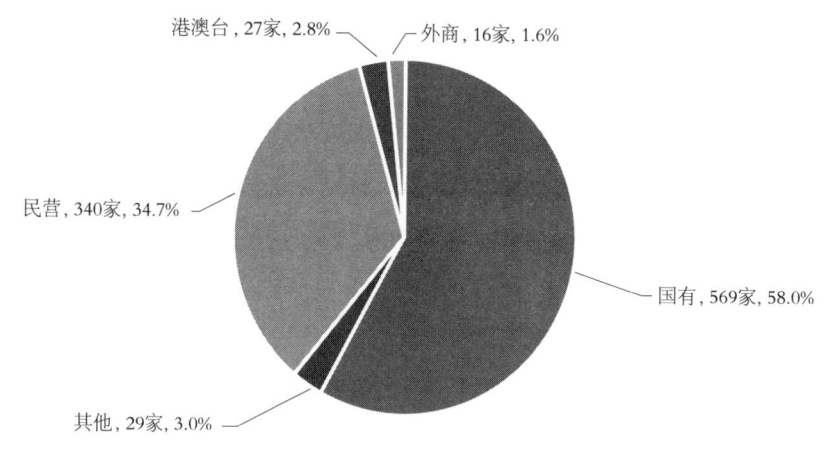

图8 社会资本的分类及占比

就社会资本的主要参与领域而言，主要如下：市政工程 112 个、生态建设和环境保护 30 个、养老 20 个、水利建设 15 个、医疗卫生 15 个，其余皆为 15 个以下，如图 9 所示。

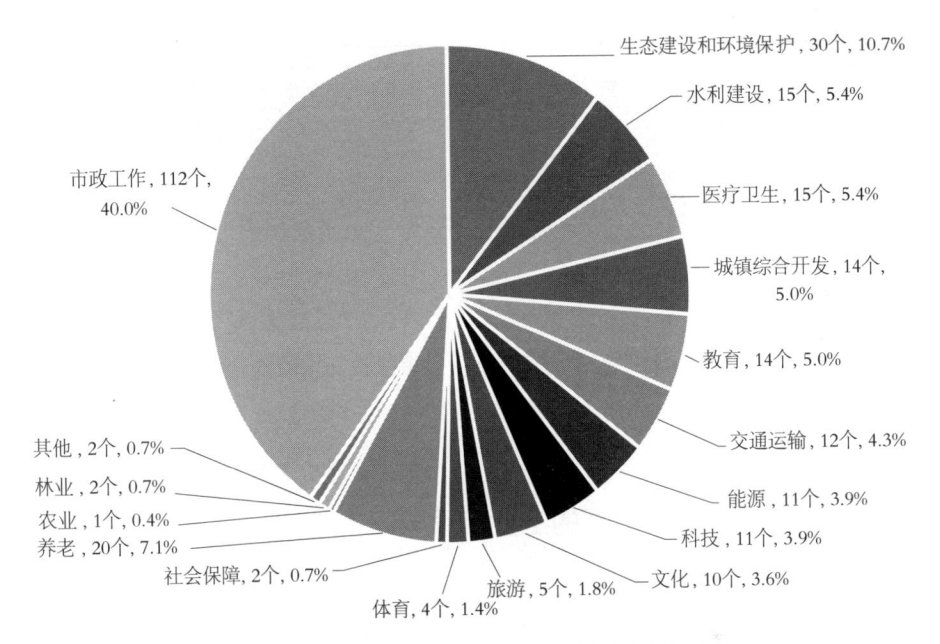

图9　含民营和外资的落地示范项目领域分布

（四）PPP 项目的回报机制主要是可行性缺口补助为主

在中国，PPP 项目共有三种回报机制，一政府付费，二是使用者付费，三是可行性缺口补助。按照这三种回报机制，截至 2017 年 12 月末，管理库中使用者付费项目 1323 个，投资额 1.6 万亿元，分别占管理库的 18.5% 和 14.7%；政府付费项目 2884 个，投资额 3.3 万亿元，分别占管理库的 40.4% 和 30.6%；可行性缺口补助（即政府市场混合付费）项目 2930 个，投资额 5.9 万亿元，分别占管理库的 41.1% 和 54.7%，如图 10 所示。

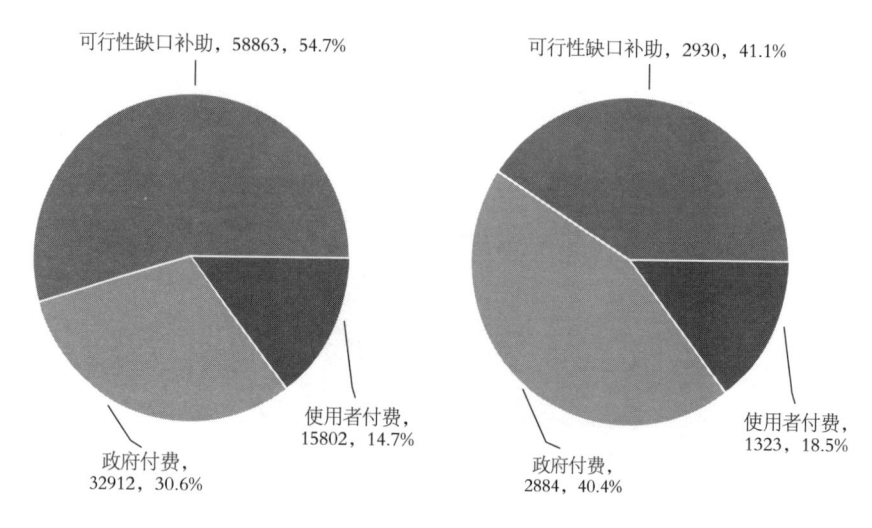

图10　左——2017年12月末管理库项目投资额按回报机制分布（亿元）
右——2017年12月末管理库项目数按回报机制分布（个）

四、中国 PPP 项目管理的主要流程与三大核心

尽管在中国，地方政府始终是推动经济的重要力量，但由于 PPP 项目需要政府作为其中一个民事主体的身份介入其中，许多地方政府并不长于类似直接商业活动。因此，中国财政部十分重视对其的教育与辅导，不仅逐一发布涉及 PPP 的各项流程、规章、制度等，而且对其中的关键环节更是一讲再讲。归纳起来，最主要的是下面四个方面。

（一）强化合同能力与合同管理

在 PPP 项目中，政府与社会资本之间不是管理与被管理的关系，而是平等的合作伙伴关系，双方之间责、权、利要由具备法律效力的合同文本来规定。换言之，在 PPP 的语境下，政府与社会资本之间是民事主体关系，受民事法律的调节。由于 PPP 项目通常金额大、时间长、操作复杂，一个 PPP 项目可能涉及多个，甚至数十个主体参与其中，由此，可能会产生数以十计、百计的合同，形成一个复杂的合同体系，而且每一份合同因为力图穷尽二三十年时间内所有可能发生的情形，因此内容往往十分复杂。在国外，很多重要领域的 PPP 标准合同的页数一般在 1000 页以上。一般而言，PPP 项目合同体系往往包括项目合同、股东协议、履约合同（包括工程承包合同、运营服务合同、原料供应合同、产品或服务购买合同等）、融资合同和保险合同等，体系十分庞大，内容涉及方方面面，因此合同管理是 PPP 运作的核心之一。

在早期，一些 PPP 项目由于缺乏经验，合同往往十分简单，甚至出现过以政府文件代替合同的例子，双方为此都付出了惨痛代价，一些矛盾与问题到现在还没有得到合理解决。但通过不停地普及与学习，各方面对于合同的重视程度大大提高了。比如，南方某个城市与某公司形成了一个关于城市整体开发、建设、运营的巨型 PPP 项目，在项目开工前，公司用了四年的时间，聘请国际、国内最好的法律顾问，就合作期间一切可能设想到的问题拟定合同文本，据说形成的合同涉及四个层面、分成 11 个大合同、若干小合同，另含若干协议、附件等，为此付出的费用高达数千万美元。但与此同时，也可能发生政府与企业之间合同能力的不对等的问题。因此，地方政府必须加紧学习，努力引进或聘请专业人才，保证从订立合同开始，就能平衡双方的利益与诉求，防止合同向一方过于倾斜。

（二）明确公共定价机制与价格管理

理论上讲，PPP 主要适用于未来能产生稳定现金流的部分准公共产品，即那些能识别受益主体、衡量受益程度进而具备收费条件的某些公共产品，如交通设施、公共事业设施等。在中国，PPP 对于价格管理的基本原则是"盈利但不暴利"。第一，社会资本应当而且可以赚钱，但只能赚得合理利润。什么是合理利润？一般的掌握标准是社会平均资本利润率。比如，假设当前全社会的平均资本利润率大约为 8%，那么社会资本从 PPP 项目可得到的资本回报就应当以此为基本参照，太低了社会资本一方不愿意，太高了政府就不可能答应。具体当然要由双方协商，但社会平均利润率毫无疑问是重要的参考基线。第二，政府要承担价格管理的重任。通过 PPP 方式运作的公共设施，其价格调整权限属于政府，应当采用公共定价的整个流程与方式。对此基本的要求是：定价应基于成本，并进行适度价格管制，既保证项目运行及社会资本的合理收益,又不损及公共利益,同时要建立对收益进行补贴、调整或约束的条款。一方面,政府要保证社会资本在整个特许经营期内均能稳定地获得上述合理利润,如果因为某种原因(如运营初期业务量较小)导致社会资本的利润率低于合同规定水平,政府就有责任通过财政补贴等方式将社会资本的利润率推高到合同水平。另一方面,如果社会资本的利润率因为种种原因超过合同水平,政府就要采取措施抑制,或者促成降价,或者将超额收益收归财政。换言之,在社会资本与面向公众收取的价格之间,必然存在着"政府"这一中介屏障,社会资本不需要也不必直接面对公众,由于公共原因产生的对收入的影响,由政府出面协调、调整。举个例子,北京地铁4号线是用PPP方式建设起来的一个成功范例,在2008年营运之初,因客流量不足,北京市政府曾给予营运方(香港城铁公司)相应补贴,但后来北京市地铁统一调高了价格,香港城铁公司的收入与此完全无关,调价产生的收益全部归北京市财政。这是关于PPP中公共定价体系机制的生动注脚。

(三)合理分配风险,加强风险管理

当前,中国对于特许经营的授权时间规定为25年。在这么长的时间内,各种可能性都有,各种风险都可能发生。因此,风险管理是PPP的另一个核心要旨。首先,要在合作双方之间分配风险。分配风险的基本原则是:按风险类别,把风险分配给有能力管理的一方。如果是政策变化、应对公众等方面的风险,政府就是合适的承担者。对于项目建设经营过程中的日常运营、管理、财务、市场变化等风险,社会资本就是合适的承担者。另有一些不可抗力风险,如法律变化、自然灾害、意外事故等,就应当双方共同分担。其次,要设定与承担风险相对称的收益分配机制。一般地,在合同订立的阶段,双方对于项目未来可能面临的风险就会进行评估,承担较多风险的一方,应当获得与之相适应的收益保证。最后,要特别防止出现风险错配,如政府承担了市场风险,而社会资本承担政策变化的风险等,都是PPP的大忌。

（四）加强财政能力评估与中长期预算管理

中国政府推动 PPP，固然有化解地方债务的需要，但同时也十分强调 PPP"不仅是一种融资机制，更是一种管理机制"。即使为各级财政部门最为看重的化解债务、减轻负担的功能，PPP 更多地起到的是一种推迟、分期而不是简单卸下支出责任的作用。这主要表现在三个方面，一是 PPP 项目的建设费用，通常当地财政部门要承担其中一个部分，即使是以现在最流行的"引导基金"的方式进入，也还是要形成支出。二是项目建成以后，如果在一定时间内未达到合同所规定的社会资本的利润率，当地财政部门必须通过财政补贴等方式进行支持。三是在整个特许经营期内，可能发生由于法律变更、公众责任变化所致的价格变化，如果不幸是调低价格，财政部门有责任保证社会资本方的固定收益。总之，对于财政部门而言，PPP 绝非是支出责任的凭空消失，相反，对于财政预算而言，还意味着在每个财政年度开始之时，就有一笔支出被稳定地占用了，从某种意义上，这相当于现在财政部门十分不喜的"挂钩"支出。PPP 越多，未来的这种挂钩支出就越多。因此，从这个意义上讲，为了控制未来的支出的责任，PPP 绝不是越多越好。这方面，主要有三点做法，一是财政部门必须对每一个拟议的 PPP 项目进行准入审查，对其未来可能产生的收入情况、对财政支出的影响等进行评估，如非物有所值，必须"一票否决"。二是结合当前正在推广之中的跨年度财政预算框架编制，事先将 PPP 的支出责任考虑进去，并滚动调整。三是为了保证 PPP 项目质量，地方财政部门还必须按财政部的要求，从项目发起、合同拟定、项目结构设计、融资支持到风险分配、价格调整、项目监管等，手把手地教会相关部门，保证 PPP 从一开始就运行在规范、优质的基础之上。唯有如此，方能发挥 PPP 的正面效应，取得良好效果。

五、中国 PPP 存在的主要问题与改进对策

中国推进 PPP，一方面取得了突出成绩，但另一方面也有不少问题。一是参加到 PPP 中的国有企业占比较大，而真正的民间企业可能不到 1/3，部分国有企业为

了抢占市场份额、做大企业规模，偏离主营主业，以高杠杆盲目介入不具备优势和竞争力的行业和领域，甚至仅为项目提供融资，不参与建设或运营，加大了经营风险。二是由于 PPP 项目数量上得太快，面上扩展太快，一方面项目本身的质量良莠不齐[1]，另一方面导致全国专业人才、经验奇缺。三是一些地方政府对 PPP 的认知仍然停留在片面的"融资"方面，对于其后的管理价值、促进政府职能转型的价值认识不足，有时甚至成为地方政府新的融资通道，蕴藏着更大的地方债务风险。四是有些地方政府缺乏契约精神、有"新官不理旧账"的风险，这也是民间资本进入不多的一个原因。五是立法进程滞后，政策衔接不畅，现行规章制度多为财政部、发展改革委等部门出台的文件，政策层级不高、冲突较多、衔接不畅。如财政部和发展改革委分别作为传统基础设施和公共服务领域 PPP 项目的主管部门，两者对 PPP 定义、界定范围、推广思路存在明显分歧，在一定程度上导致令出多门。

针对这些问题，本报告主要提出以下改进对策。

（一）加快 PPP 立法进程

PPP 由于涉及政府与社会资本之间的民事关系，特别需要法律对此进行规制。目前，中国虽然有各类关于 PPP 的文件，但一个正式的法规始终没有出台。2017年，国务院法制办发布了《基础设施和公共服务领域政府和社会资本合作条例（征求意见稿）》，但一直没有正式出台。从实践层面看，现在很多 PPP 项目尚处于实施的前期，出现法律纠纷的情况还不普遍，但根据我们的判断，随着 PPP 进入中后期，很可能相关的法律纠纷会不断增多。加快 PPP 立法应当摆上紧迫的议程。[2]

（二）采取切实措施，鼓励民间资本进入

由于种种原因，目前进入中国 PPP 项目中的主要是国有资本而非民间资本，这

---

[1] 2017 年 11 月以来，中国财政部对于 PPP 综合信息平台中的项目进行了一次大清理，凡是未按规定开展"两个论证"、不宜继续采用 PPP 模式实施、不符合规范运作要求、构成违法违规举债担保、未按规定进行信息公开的，均属于清理对象。统计显示，截至 2018 年 3 月末，全国 PPP 综合信息平台已累计清退管理库项目 1160 个，累计清减投资额 1.2 万亿元。
[2] 2018 年 3 月，中国财政部的消息称，2018 年 PPP 立法已列入日程。

固然有资本体量与动员能力方面的原因，但与当前我国民间资本面临的投资环境也有密切关系。为此，国家已经采取了一些鼓励民间资本进入PPP的措施，但还需进一步加强。我们建议对于一些适合民间资本的PPP项目（特别是涉及公共服务方面），应当做出非民间资本不得进入的硬性规定，即使是对资本体量偏大的PPP项目，也应当设定一个民间资本进入的最低数量标准。

（三）提高PPP项目质量，严防地方债务风险

在过去的几年中，我们发现有些地方政府借道PPP，增加本地债务的情况。为此，财政部已多次发文件进行警示，并处理了一批涉及人员。但是这种情况并未完全消失。考虑到中国目前相对处于高位的政府债务率，因此应当进一步严格PPP的项目管理，一方面防止不合格的PPP项目入库，另一方面对于已入库的项目也应当进行清理，以提高项目质量，从而从根本上控制债务数量，防止债务风险进一步扩大。

（四）加强PPP研究，加快专业人才培养

PPP是一项专业性极强的工作，需要大量的专业人才。目前，各级地方政府中懂PPP、会PPP的人的数量严重不足，这也在一定程度上降低了中国PPP的质量。即使在市场上，PPP的专业人才也十分缺乏。对此，一方面可沿用中国一直以来在"干中学、学中干"的做法，在实践中培训人才；另一方面，高校、研究机构等也要加快PPP专业人才的培养力度，加大学术研究力度，为PPP提供智力支持。另外，还可加强与国际组织、其他国家政府之间的交流与联系，达到相互学习、提高水平的目的。

总之，2014年以来PPP在中国经历了一个空前的大发展时期，在取得进步与成绩的同时，也出现了许多还需要改正的问题。但是，从中国已经走过的发展道路而言，很难有先进行完美设计再动手操作然后获得成功的情况，因此，这种基于紧迫的现实需要而决策、然后在"干中学、学中干"，一步一步改正不足、提高水平的做法，也是中国经验的一部分。

主要参考文献

[1] 贾康, 冯俏彬. 从替代走向合作: 论公共产品提供中政府、市场、志愿部门之间的新型关系[J]. 财贸经济, 2012 (8).

[2] 贾康, 孙洁. 公私伙伴关系 (PPP) 的概念、起源、特征与功能[J]. 财政研究, 2009 (10).

[3] 贾康. PPP: 制度供给创新及其正面效应[N]. 光明日报, 2015-05-27.

[4] 刘薇. PPP 模式理论阐释及其现实例证[J]. 改革, 2015 (1).

[5] 何代欣. 大国转型下的政府与市场合作机制——中国 PPP 策略与事实[J]. 经济学家, 2018 (1).

[6] 王天义. 全球化视野的可持续发展目标与 PPP 标准: 中国的选择[J]. 改革, 2016 (2).

[7] 孙学工, 刘国艳, 杜飞轮, 杨娟. 我国 PPP 模式发展的现状、问题与对策[J]. 宏观经济与管理, 2015 (2).

[8] 刘穷志, 张森. 中国 PPP 的发展历程、主要问题与改革展望[J]. 财政监督, 2017 (4).

[9] 全国 PPP 综合信息平台项目库第 9 期季报[EB/OL].

后　记

此书的主体部分完成于 2015 年，系华夏新供给经济学研究院 2049 系列课题之一。当年正值"十三五"的前一年，全国上下都在积极地为即将到来的下一个五年规划献计献策，而新供给经济学研究院却超越了五年的视界，提出组织力量研究一个远至 2049 年的战略规划，并最终付诸实施。其大胆与雄心，一时无人能出其右。十分珍贵且难得的是，2017 年党的十九大报告提出的也正是一个时间长度为 30 多年的中国发展远景图，由此可见新供给经济学研究院的远见！

我十分荣幸地作为课题负责人承担了这一宏大课题中的"城乡一体化发展战略（2016—2049）"的研究工作。在和原国家行政学院经济学系黄锟、樊继达两位教授的共同工作下，课题于当年顺利完成，并多次在不同场合进行了汇报与公开演讲，获得了不少好评。这对我们鼓励很大。我的专业是研究宏观经济与财政税收问题，以前对于农业问题的认知，大多是一种远观和倾听。但通过研究这一课题之后，我极大地增进了对农业、农村、农民这"三农"问题的认识，那时我们形成的一个基本看法就是，"三农"问题已经走到了一个新的历史起点上，传统的解决方法难以见效，而应当往前一步，融入我国工业化、城市化、市场化、全球化的历史大潮中。一句话，必须"跳出三农看三农"，只有融入我国伟大的、不可逆转的工业化进程和市场化进程之中，"三农"问题才有望得到彻底解决。今天回过头去看，应当说这一认识是切合中国发展的实际情况的，这几年围绕农村改革的政策与实践在一定程度上也证明了这一点。当然，我们也看到，有很多的改革需要深化，有很多的工作需要坚定不移地继续推进。

在课题研究完成之后，新供给经济学研究院做出陆续出版课题报告的工作安排，并将本课题也列入了出版计划。对此，我本人一开始是比较疑虑的，因为完成一个课题报告和出一本专著之间，差距实在不小。感谢新供给经济学研究院和出版社的一再鼓励和催促，使我们终于下定决心将课题报告付梓。同时，为了更加符合出版惯例，我们也增加了一些内容，把这些年与此相关的文章收录其中，并按"总报告+专题研究"的方式结集，这才形成了今天与读者见面的样貌。在此，特别感谢贾康老师的支持，他与其合作者所著的《中国新型城镇化进程中土地制度改革的难题破解路径——基于深圳调研的报告》一文，极大地丰富了我们对于城乡一体化进程中最为棘手的土地问题的认识，令人茅塞顿开。

需要说明的是，该书中的总报告和专题研究分别完成于不同的时期，为了保持原貌，真实地反映当时背景下学人的努力与思考，出版时并没有对原有的内容进行修改。这一点，还请读者诸君在阅读时多加留意！无论以今天的眼光看，这些内容和想法是否正确、是否恰当，都生动而真实地反映了在当时当地背景下，我们对这些问题的思考。在此，不揣"野人献曝"之心，呈上此书，敬请各位批评指正！

冯俏彬

2018 年 10 月 1 日